SUCCESS
WORDS
100

100 QUOTATIONS OF
SUCCESSFUL PEOPLE
CHANGE YOUR LIFE

一流の仕事をする人の、

人生を変える100の言葉

岬 龍一郎 Ryuichiro Misaki

PHP研究所

心の中に「問題解決回路」が増えていく――はじめに

「心の師」と呼べる人を持っている人は幸せである。

私たちは、よい師を持ち、大きな仕事をした人を何人も知っている。

たとえばトヨタ自動車名誉会長の張富士夫《ちょう》さんには、トヨタ生産方式の基礎を築いた大野耐一《たいいち》さんという師がいた。そのきずなは、「上司と部下の関係はさよならだけど、師匠と弟子は一生続く。だから、さよならとは言わないよ」と大野さん亡きあとも続くほど強い。難問にぶつかったときなど、「こんなとき、大野さんならどうされたかなあ」と考えることがしばしばだという。

迷い、悩んだとき、「心の師」がほしくなる。明快に策や方向を示してくれたならどれほど楽だろうか。あるいは、「師ならどうされるか、どう言うか」という思案の礎石《そせき》があったら、どんなに心強いだろうか。

とはいえ、心の師と呼べるほどの人に出会える機会はそう多くない。

だから私は、心のよりどころがほしいとき、先人の言葉と静かに向き合うことにしている。経営者、古今の偉人、スポーツ選手、職人、勝負師、そして市井《しせい》の人……さまざまな先人が、幾多の言葉を残している。それらと向き合うとき、私は励まされ、一つの言葉の法則を知る。

それは、言葉を輝かせるのは自分だということだ。迷いや悩み、向上心が、言葉を心の師に変えるということである。

作家の太宰治《だざい》は、蔓草《つるくさ》に、「私はなんにも知りません。しかし、伸びていく方向に陽が当たるようです」と言わせた。いい言葉が、迷いや向上心の先に、私たちを待っている。文字づらだけを読むと当たり前の言葉が、突然きらきらと自分を導く灯りに変わる。そのとき、課題の過半は解決しているといえるだろう。

言葉には知恵が凝縮されている。言葉に学び、自分で考え、自分で行動をする。そしてあなた自身もみずからの言葉を発してほしい。その言葉が家族や友人、周囲の人を力づけていく。そんないい循環をつくる言葉が、一つでも増えていくことを願ってやまない。

岬　龍一郎

もくじ

一流の仕事をする人の、人生を変える100の言葉

2章　自分の仕事に誇りを持て

あなたに許されている唯一のチャンスは、
あなたが自分でつくり出すチャンスだけです。 アメリカの啓蒙家 ジョセフ・マーフィー 110

夢という言葉は嫌いです。「夢」はかなわないものですから。 プロ野球選手 松坂大輔 112

練習を積んで強くなり、勝つ。すると、みなさんの期待は高まる。そしてさらに練習、勝つ。

キリがないくらい、乗り越えるべき山は高くなる。 全日本女子ソフトボール元監督 宇津木妙子 114

渡米前から自信があったのは、「アジャストメントの力」を信じてきたからだ。 元大リーガー投手 長谷川滋利 116

直されたらまた新しい癖を見つけたらええんやから。 元プロ野球選手 福本豊 118

前向きで喜ばしいできごとは、できるだけ他の人に任せるようにしています。 トヨタ自動車名誉会長 張富士夫 120

タマネギは泥のついたまま持って来い。 リコー元社長 舘林三喜男 122

一つに止めるの器量なきは謹みおそれ匠長の座を去れ。 宮大工棟梁 西岡常一 124

なにもせずに社長室に座っていると、悪い話は入ってこない。

そうなると、経営判断が間違ったり、遅くなったりする。 日本IBM元会長 椎名武雄 126

手に入ったデータを全部使わないで、その一部分だけに基づいて判断を下す裁判官があるとしたら、
われわれはどんな評価を下すだろうか。 ヴェーグナー『大陸と海洋の起源』 128

金はもうけなかったが、得意先をもうけた。 出光興産創業者 出光佐三 130

事業というものは、道に即してやれば自然に儲かるものであって、
このほうが利益は無限である。 リコー三愛グループ創業者 市村清 132

お金は自分で知恵を出し、自分で行動し、汗をかいていただくもの。 リコー元会長 浜田広 134

熱狂の中でも冷静に判断し、先のことに対して常に備える。 信越化学工業会長 金川千尋 136

企業には変えてはいけない部分と、時代に合わせて変えるべき部分がある。 デンソー元社長 岡部弘 138

第4章　仕事を好きになれ。好きになればどんな苦労もできる

俺はずっと汚れ仕事をやらされてきたけど、そんなこと気にしてねえよ。　元バスケットボール選手　デニス・ロッドマン　142
経営の九〇パーセントは、つまんないことを忍耐強くやることの積み重ね。　ワイモバイル創業者　千本倖生　144
道具を大切にする人は将棋も上達する。　将棋永世名人　大山康晴　146
すべては、待っている間にがんばった人のもの。　発明王　トーマス・エジソン　148
努力の成果なんて目には見えない。でも、紙一重の薄さも重なれば本の厚さになる。　元マラソン選手　君原健二　150
形を持つ人が形を破るのが型破り。形がないのに破れば形なし。　教育者　無着成恭　152
与えられた仕事を好きになれ。好きになればどんな苦労もできる。　京セラ創業者　稲盛和夫　154
先を見通して点をつなぐことはできない。振り返ってつなぐことしかできない。だから「将来なんらかの形でつながる」と信じなければならない。　アップル創業者　スティーブ・ジョブズ　156
若いうちはムダが栄養です。　元大リーガー投手　野茂英雄　158
目の色を変え、汗だくで奮闘する若者には、目をかけてくれる人が必ずいる。　帝国ホテル元総料理長　村上信夫　160
竹は温暖なところでは節と節の間がのんびり伸びてしまうので、強風にあうと折れやすい。　本田技研工業元副社長　藤沢武夫　162
意見を通そうと思うなら、まず聞いてやるのが順序だ。　東京電力元会長　青木均一　164

逃げてはいけないと思っているんです。
元スキージャンプ選手　原田雅彦　188

「あいつはどんないやなことでも引き受けてくれる。どんなに難しくとも最後まで逃げない」という
実績だけが、皆を納得させる唯一の手段であった。
元キヤノン販売会長　滝川精一　190

世の中は刻々と変化し、個人ではどうすることもできない場合もある。
だが、どんなに変化する世の中でも、自分から落伍してはだめだ。
ニチロ創業者　平塚常次郎　192

簡単に「財産にしたい」とは言いたくない。
元プロ野球選手　黒木知宏　194

熟練工は「できない」ことをあまりに多く知りすぎている。
アメリカの自動車王　ヘンリー・フォード　196

わが実力の不十分なるを知ることこそ、わが実力の充実なれ。
古代キリスト神学者　アウグスチヌス　198

勝負は時の運だよ。
本田技研工業創業者　本田宗一郎　200

予測は立ててもいいのですが、
そんなものは間違うものだと考えておくべきです。
信越化学工業会長　金川千尋　202

計画を実行に移してから、思いもよらないことが出てきたとき、どうしたらいいのか。
それはただ一つ、臨機応変の処置をとるほかはないのです。
第一次南極越冬隊長　西堀栄三郎　204

誤解されがちなのは体格のことだ。どんなサイズだろうと、
それによって成功、失敗が決まってしまうことはない。
元大リーグ投手　グレッグ・マダックス　206

人の苦労なんて、いくら聞かされたって成長しない。自分で苦労しろ。
アサヒビール元会長　瀬戸雄三　208

なに甘えてるんや。自分で考えなはれ！
宮大工棟梁　西岡常一　210

ビジネス社会で評価の軸となるものはなにか。
それは、まわりから必要とされるかどうかだ。
伊藤忠商事元会長　丹羽宇一郎　212

企業の再生に必要なのは社員の心の再生であり、
社員の心をつかんで変えるのがトップの役割だ。
日本電産会長兼社長ＣＥＯ　永守重信　214

部下は上司を三日で見抜く。
リコー元社長　舘林三喜男　216

人とのつながり、技術者の集団をうまく形成していくことが技術者の要件である。
ＪＲ東日本元会長　山下勇　218

銀や金だけが通貨なのではない。徳もまた通貨なのだ。
それを用いるべきである。
古代ギリシアの悲劇詩人　エウリピデス　220

＊本書はＰＨＰ文庫『いい言葉は、いい仕事をつくる』（二〇〇七年八月刊）を改題し、加筆・再編集したものです。

1章

行動しなければ成功は手に入らない

簡単なことです。成功するまでやめないんです。

――京セラ創業者　稲盛和夫

企業で最も求められる力の一つが「やり抜く力」である。

京セラ創業者である稲盛和夫さんのエピソードが、やり抜くことの大切さを、迫力を持って教えてくれる。

昭和五十年代、取引のある日立製作所から稲盛さんに、「うちのドクター（博士）連中に研究開発はどうあるべきかを話してくれないか」という依頼があった。

当時、日立は日本で一番ドクターが多いと言われていた。プライドはかなり高い。その会社が、地方大学出身で博士号も持っておらず、急成長はしていてもまだ新興企業に属する京セラトップの話を聞くのだ。やはり意地悪な質問が投げかけられた。

「京セラさんは研究開発したもので失敗したものがないと言うてるようですが、そんなバカなことはないでしょう。日立はこれだけの技術陣を擁《よう》しているが、十のうち成功するのは三つで、あとの七、八割は失敗する。全部成功するなんて信じられない」

無理からぬ質問だ。研究開発に限らず、ものごとが全部成功するなど考えられない。たくさんの失敗の上に成功が成り立つというのが一般の考え方だ。

その質問に対して、稲盛さんはこう答えている。

「それは簡単なことです。成功するまでやめないんですから」

「そんなバカな。経済性とかでやめるでしょう」

「いや、やめません」

壁にぶつかっても考えられる限り、できる限りの力と知恵を出す。それだけの努力をすれば必ず成功できる、というのが稲盛さんの考えだ。他社が無理だと考えること、できないと考えることに果敢に挑戦し、なにがなんでもという思いでやり遂げてきたからこそ、今日の成功を手にすることができた。それが京セラのベンチャースピリットであろう。

百年考えても、千年考えても、考えてるだけじゃなにも進歩しない。

——マツモトキヨシ創業者　松本清

世の中には知識豊富で弁も立つアイデアマンがいる。だがアイデアは、考えるよりも実行して形にするほうが何十倍も大変なのだ。すなわち、ものごとは考えるだけではダメで、まずやってみること、そして結果を出すことが重要になる。

いまから四十年以上前、千葉県松戸市役所に誕生した「すぐやる課」が与えたインパクトは相当なものだった。

「すぐやる課」というネーミングがまずすばらしかった。「役所にひらがな名はいかがなものか」という反対も強かったが、それを押し切ったのが、マツモトキヨシ創業者で、松戸市長でもあった松本清さんである。

松本さんが「すぐやる課」でねらったのは、第一に住民サービスの充実だが、もう一つは役人の姿勢を変え、「すぐに行動すること」の大切さを植えつけたかったのだと思う。

松本さんはアイデアをつぎつぎと実行に移し、成功も失敗もした。たとえ失敗でも、最初から「失敗するだろう」と言ってなにもやらないより、ずっといいと考えていた。

「百年考えても、千年考えても、考えてるだけじゃなにも進歩しない。だから、ともかくやろうじゃないか」という言葉が残っている。

世間には新製品や新サービスを見て、「自分でも考えられたのに」などと負け惜しみを言う人がいる。そんな人は、アタリ・コンピュータ創業者ノーラン・ブッシュネルのつぎの言葉をかみしめてほしい。

「私と同じようなアイデアを持っていた人はきっといただろう。ただ、私はそれを行動に移し、彼らはそうしなかっただけだ」

いいアイデアなどだれでも考えつく。実行力がアイデア力を決めるのだ。まずやってみる。たとえ失敗に終わっても、それはつぎの成功の糧《かて》となる。

転んだときにはいつでもなにかを拾え。

——アメリカの医師　セオドア・アベリー

セブン&アイ・ホールディングス元会長の鈴木敏文さんは、日本に初めて本格的なコンビニエンスストアを展開し、今日の隆盛を築いた人である。

だが、「日本でコンビニを」と考えた時点では、イトーヨーカ堂の一社員にすぎなかった。広報の責任者ではあったが、異業種からの転職組で、生え抜きではなかった。鈴木さんの提案に対し、当然、社内の空気はきわめて冷ややかだった。

その鈴木さんに、トップである伊藤雅俊さんは、こう言った。

「日本でコンビニエンスストアが成功するかどうか、人の意見を聞きなさい」

識者の見方は共通して「時期尚早《じきしょうそう》」だ。社内での賛成もほとんどない。伊藤さんの「意見を聞け」は、若い鈴木さんに「あきらめろ」と言っているように見える。

ところが、最終的に伊藤さんが出した結論は、「やってごらん」だった。

なぜか。

「やりたい」と言い張る以上、説得するために、どこから突かれてもよいだけの検討を重ね、論理を組み立て、材料を用意しなくてはならない。反対する相手、邪魔する敵をねじ伏せる信念も必要になる。しかも、反対を押し切って始めたからには、中途半端でやめるわけにはいかない。必死さが肝心だ。

伊藤さんは周囲を反対に囲まれながらも、なおかつ「やれる」と言った鈴木さんを信じたからこそ、「やってごらん」とゴーサインを出したのだ。不退転の決意で日本にコンビニエンスストア文化を花開かせた鈴木さんもすごいが、鈴木さんを信じて任せた伊藤さんも立派だと思う。

**よし、やってみよう！
試みのないところに成功のあったためしは
決してないのだ。**

――イギリス海軍提督　ネルソン

スポーツチームの監督にとって、実績のある選手をはずし、未知数の選手を使うというのは、とても勇気のいることだ。調子が悪くても実績のある選手を使って負けたのなら言いわけもたつが、未知数の選手を使って負けたら責任を問われる。

そう考えると、当時は未知数だった鈴木一朗選手を、「イチロー」として一番バッターに抜擢《ばってき》した元オリックス・ブルーウェーブ仰木《おおぎ》彬《あきら》監督の勇気は、大変なものだったと思う。仰木監督の前任の土井正三監督の時代には、鈴木選手は一軍と二軍を行ったり来たりだったのだから。

しかし、鈴木選手の才能を見出した仰木監督は眼力を誇らない。

「監督の眼力なんて知れている。見立て違いということもある」

そう言ってはばからなかった。そして、こう言っていた。

「先入観なしに選手を見るには、結果を出す場をつくるしかない」

だからだろう。仰木監督の下ではたくさんの選手が育っている。大リーグで活躍した選手だけでも、野茂英雄さん、田口壮《そう》さん、長谷川滋利《しげとし》さん、吉井理《まさ》大《と》さんなど、枚挙《まいきょ》にいとまがないほどだ。

仰木監督のポリシーは先入観なく、すべての選手を対等に扱い、チャンスを与えることにあった。実績がないから使わないのではなく、実績がないからこそ、まずチャンスを与えて、試合で使ってみるということだ。

スポーツの世界でも、ビジネスの世界でも、「使ってもらえない」「チャンスをもらえない」ほどつらいことはない。

人を使う立場の人間にとって大切なのは、「実力が未知数だからこそ使ってみる、やらせてみる」という勇気だ。見立て違いがあるかもしれないが、それを恐れていたら、人を育てることなどできはしないだろう。

教えることなんてできない。本人にその気がなければ、なにを言っても同じですから。

――福岡ソフトバンクホークス監督　工藤公康

自主性、自発的ということに関して、西武からダイエー（現ソフトバンク）、巨人を経て横浜ベイスターズ（現横浜ＤｅＮＡベイスターズ）で活躍した工藤公康《きみやす》さんが、記者から「若手にガンガン言っていくこともあるのか」と聞かれ、こう答えている。

「教えることなんてできない。本人にその気がなければ、なにを言っても同じですから」

実は工藤さんは、若手を育てる名人といわれている。たとえば大リーグのマリナーズで活躍した城島《じょうじま》健司さんなども、ダイエー時代に工藤さんからたくさんのことを学んだという。

ただし工藤さんは、だれかれなくつかまえて教え込むわけではない。学ぶ意欲、吸収する気持ちがあって、積極的に聞いてくる選手には熱心にアドバイスをするが、そうでない選手にはあまり声をかけない。効果があまり期待できないからである。

「上司や先輩が十分に指導をしてくれないから成果が上がらない」など と嘆《なげ》くのは、自分の能力のなさ、自主性のなさを認めているのと同じことだ。

仕事はあくまでも自分の頭で考え、自分の責任で行動する。相談する場合も「なんとかしてくださいよ」ではなく、自分なりのアイデアや考えを持って相談をすることが大切だ。

なにが必要か必要でないかを判断するのが君の役目じゃないか。

——ロシアの化学者　ドミトリ・メンデレーエフ

大学在学中に堀場《ほりば》無線研究所を創業した学生ベンチャーの先駆けといえる堀場雅夫さんの持論は、「仕事はおもしろおかしく」だ。

先駆けとしての苦労は多かったが、それでも挑戦する気持ちを保てたのは、「生きがい」「働きがい」があったからだった。おもしろおかしく仕事をしなければ、生きがいや働きがいは長く続かない。それが持論の由来である。

おもしろおかしくの原動力は自主性だ。能動的に動くことである。

だが、堀場さんの目から見ると、若手社員は「まずマニュアルありき」のようでもの足りない。たとえば大学の研究室から入ってくる新入社員の多くが、「上司の指導がない」

と文句を言い出す。「どういう文献を読め」「こういう実験をしろ」「あの先生に会って話を聞け」とこまかく教えてくれないというのだ。

上司に指示されたとおりに動けば、リスクも試行錯誤の苦労もない。それに対して、課題だけを与えられて自分で考える仕事は実に大変だ。しかし、自分で考え、自分で試した仕事は自分の太い「根」になっていく。

「なにが必要か必要でないかを判断するのが君の役目じゃないか」

これは、元素の周期表を発表したサンクトペテルブルク大学教授メンデレーエフの言葉だ。メンデレーエフは学生や研究員に、なによりも自主精神を強く要求した。だから依存心、依頼心を嫌い、学業優秀な学生について、こんな辛辣《しんらつ》な言葉も残している。

「学業成績は、なにも将来を決定するものではない。私は優等生が実社会でなに一つ成功しなかったことを知っている。彼らは、依頼心がありすぎた」

「なに一つ成功しなかった」は言いすぎだろうが、たしかに実社会では、いわゆる優等生が通用しないことがたくさんある。学校では教えてくれない、解答のない問題にぶつかったときは、頭でこねくり回すより、「自分でやってみる」ことしかない。

ニーズが見えにくい時代には、行動第一でトライ・アンド・エラーを徹底しなくてはいけない。

——リコー特別顧問　桜井正光

この商品、このサービスは確実に大ヒットする。そう一〇〇パーセントわかっていれば、みんなが「やらせてください」と言うに決まっている。

かつて、それに似た時代があった。ものが不足していて、つくれば売れた時代だ。また、似た方法もある。人まねをするビジネスだ。

しかし、もうそれでは成功はおぼつかない。ものはあふれている。また、ニーズの変化が早く商品寿命が極端に短いから、まねをしたころにはブームが去っている。現代のヒットは意外なところから生まれ、「こうやれば売れる、成功する」という法則が読みにくい。

リコー元会長で、経済同友会代表幹事も務めた桜井正光《まさみつ》さんは社長時代、社員に「ファイヤー文化」を提唱し、こう行動のあと押しをした。

「ニーズが見えにくい時代には、行動第一でトライ・アンド・エラーを徹底しなくてはいけない」

「ファイヤー」は射撃で「撃て」の意味だ。かつてのようにニーズがはっきりしていた時代は、そこをねらって引き金を引けばよかった。しかし、ニーズが不透明ないまは、こちらから新しい市場を創出していくことが求められる。

では、新しい市場はどこにあるのか。

それを長々と議論しても意味はない。「だいたいこのあたり」というところに、まず弾を撃ち込んでみる。

つまり、「ファイヤー」だ。

撃っても「下手な鉄砲」だったとわかったらすぐにやめる勇気も必要だが、大切なのは失敗を恐れることなしに、「まずやってみる」ことである。

考えなしの行動も困るが、考えるだけで行動しない人はもっと困る。

汚い仕事、いやがる仕事を率先してやりなさい。

——本田技研工業元副社長　藤沢武夫

免疫学者の石坂公成《きみしげ》さんは、国立予防衛生研究所時代に部下全員が年上という環境の中で、血清部の部長補佐を務めた経験がある。

役職が上とはいえ、先輩たちに命令するのはどうかと考えた石坂さんは、ネズミの飼料を入れた俵を運ぶといっただれもがいやがる雑用を率先してやるようにした。すると、徐々に先輩たちもなにも言わなくても分担してくれるようになった。

この経験は米国時代にも役に立ち、教授や所長時代に人がいやがる仕事を率先してやったお陰で、自然とみんながついてくるようになったという。

本田技研工業元副社長の藤沢武夫さんも管理職になったばかりのホンダマンに対し、「汚い仕事、いやがる仕事を率先してやりなさい」と心得を説いていたというから、人を率いていくときには、「いいことは他人、いやなことは自分」はつねに肝に銘じておくべきことなのだろう。

なにかを前向きに始めると、勝ちが〇・一歩ぐらい近づいてきているのがわかる。

——元全日本女子バレーボールチーム監督　柳本晶一

かつて「東洋の魔女」と呼ばれ、日本のお家芸でもあった女子バレーボールが、メダルから遠ざかるばかりか、二〇〇〇年のシドニーオリンピックでは出場権さえ逃してしまった。そんなどん底の女子バレーボールを率い、アテネオリンピックでは5位入賞に導いたのが柳本晶一《やなぎもと》前監督だ。新日鐵をはじめ、関わってきたチームをすべて優勝させる一方で、チームの廃部も二度経験している。

新日鐵、大阪商業大学附属高校（現大阪商業大学高校）、タイのナショナルチームの監督としてそれぞれ優勝を経験した柳本さんが、次に監督を命じられたのが日新製鋼だった。新しく発足したバレー部の監督ということだったが、行ってみると新日鐵時代とはまるで違い、会社の十分な協力もなければ、選手も集まらないような、「ないないづくし」の状態だった。毎日、やけ酒を飲んでグチをこぼす生活を続けていたが、ある瞬間、「こんなもの考えてもしゃあない。いまできることをやったる」と吹っ切ることができた。以来、挨拶を元気のよい明るいものに変え、朝六時に出社して社員全員の机を拭《ふ》き、お茶も出した。女性社員には煙たがられたが、笑顔と挨拶で乗り切った。工場の交替の時間には門に立ち、「バレー部を応援してください」と手書きのビラを配り、昼休みには、駅から工場までのタバコの吸殻やゴミを拾い集めた。

これを毎日続けていると、「柳本は本気だ」と考える人が現われてきた。それまで無視していた人たちが、「今度応援に行くよ」と声をかけ、実際に来てくれるようになった。社員が応援に来てくれれば、選手もおのずとがんばるようになる。やがて成績も上がり、有望な選手も集まるようになり、下部リーグにいたチームを五年間で実業団のトップクラスに引き上げることに成功した。

人はいつも人の本気を試している。まず率先して動く。その姿を見て、「この人は本気だ」と思ったとき、初めて人は動くようになる。

できないことはつねに百あり。

――フランスのことわざ

資生堂名誉会長・福原義春《よしはる》さんがしばしば紹介していたのが、「できないことはつねに百あり」だ。

ある村を王様が訪ねたところ、歓迎の大砲が鳴らなかった。理由を尋ねると、「眠っている子供が起きる」「家畜がびっくりする」といった、たくさんのできない言いわけが返ってきた。しかしよく調べると、村に大砲がなかっただけのことだった。正直に「ありません」と言えなかったわけだが、ことほどさように、「できない理由」はいくらでも出せる

「できない理由」に惑《まど》わされず、その裏に隠されたホンネを相手にすることだ。

ものなのだ。

ある企業の経営者が、難事業を前に躊躇《ちゅうちょ》する部下に命じたのは、「できない理由」を調べることだった。部下があちこちの識者に聞いて回り、「できない理由が十一もあります」と報告したところ、経営者が言ったのは、「そうか、じゃあ、たった十一の問題さえ解決すればできるということだな」の一言だった。

忍耐は希望を持つための技術である。

――フランスのモラリスト　ボーブナルグ

話を少し聞いただけで、部下の提案に、「それなら昔やったことがあるけどダメだったんだよ」「よけいなことを考えなくていいから数字を上げてくれ」とか言って、部下のやる気をそぐ上司がいる。

部下は「もうちょっと聞いてくれてもいいじゃないか」という寂しさ、「なにを言ってもムダなんだ」という不満を持つ。そんな感情に追いやられた部下に、いくら筋道正しく、「昔は」「数字は」と説得しても、聞く耳は持たないだろう。

最初は「イエス」と答えるのが、上司の技術だ。話を十分に聞いたうえで、「こうしたらもっとよくなる」とアドバイスすれば、やる気を喚起し、さらに新しい提案、すぐれたアイデアが集まる。

ヤマト運輸の小倉昌男《おぐらまさお》さんは、前者のタイプを「No, but社員」、後者の技術を身につけた人を「Yes, but社員」と呼び、後者はぐんぐん成長するし、そういう社員の多い会社は発展する、と考えていた。

小倉さんは、父親の跡を継いで社長に就任した大和運輸（現ヤマト運輸）で宅配便の構想を役員会に提案したとき、全員に反対をされた。大和運輸は、百貨店をお得意様とする商業貨物の老舗《しにせ》企業であった。一般ユーザーの小口貨物は、郵便小包か国鉄小荷物で送るのが常識で、宅急便のような家庭から家庭へ荷物を運ぶ市場などどこにもなく、採算の見通しが立つはずもなかったのだ。

それを可能にしたのが、小倉さんの「イエス」から始まるものの考え方だ。忍耐強く問題を解決し、行政の規制と戦って、今日の宅配便市場の基礎を築き上げた。

反対意見を言うのはたやすい。だが、大切なのは「やる」という信念であり、つぎには「どうすればできるか」を考えることだ。

いきなりの「ノー」は、そのすべてをシャットアウトしてしまうが、「イエス」は人を一歩前に進ませる力がある。

なにかを築こうとすれば必ず敵が現われる。敵ができるのは、その人の中にある程度のものができているからだ。

――陶芸家　加藤唐九郎

日本を代表する二つの企業A、Bに関して、こんな話がある。

A社は、社長に上げた案件で一度「ノー」と言われると、その案件は二度と上げることができない。

B社は、社長に上げた案件で一度「ノー」と言われても、三度上げれば「三度も上げてくるのだから、よほど大事なことだろう」と聞いてもらうことができる。

本当のところはわからないが、たしかにA社は業績が伸び悩み、B社は好業績を続けている。「柔軟性が影響しているのかな」とうなずいてしまう話ではある。

ただし、B社にしても単純に、「同じことを三度」上げるのではない。

Ｂ社のあるＯＢは若いころ、役員会で企画を発表したところ、それこそボロクソにけなされたという。もちろん返事は「ノー」だ。しかし、「つぎはちょっと目先を変えてやってみるか」とじっくり練り直して再度挑戦したところ、「やってみろ」という返事をもらうことができたという。

一度の「ノー」ぐらいであきらめず、二度、三度と「もっと」にこだわりながら再挑戦することだ。でないと、「同じことを何度も言わせるな」になってしまう。

言っていることとやっていることが離れてはいけない。本気になってやっているかどうかが試される。

——トヨタ自動車名誉会長　張富士夫

これはトヨタの張《ちょう》富士夫さんが紹介していた話だ。

明治維新での函館五稜郭《ごりょうかく》の戦いで、新政府軍の責任者だった黒田清《きよ》隆《たか》は、幕府軍の司令官榎本武揚《えのもとたけあき》の才能を惜しみ、助命運動を行なった。

敵の司令官の助命など簡単なことではない。ある人からこう叱られたという。

「お前が死ぬ気にならなくて、どうして人の命が助けられる」

そこで、頭を丸坊主にして運動を行なった結果、榎本は死罪を免れ、明治政府の要人として活躍する場を与えられた。張さんはこう感想を述べている。

「言っていることとやっていることが離れてはいけない。本気になってやっているかどうかが試される」

ノーベル物理学賞を受賞した小柴昌俊《こしばまさとし》さんは、若いころ、大先生に対してもズバズバものを言うため、「生意気だ」と総スカンを食ったことがあるという。だからといって遠慮をしていては、自分の発想や視点が認められることはない。小柴さんは「自分の考えは本物か」をきちんと練り、なんのためにそこまで言うのかという目的や根拠を本気で見せるように努めた。そのかいあって、徐々に、本物だと認めてもらえるようになったという。

百の未完成なものを経験するより、一つの完成品をつくることのほうが大切だ。

――ノーベル物理学賞受賞者　中村修二

一つの製品をつくるのには、大変な手間や時間がかかる。困難もつぎつぎと襲ってくる。だから、ダメならダメでさっさとあきらめ、つぎの開発に取り組んだほうがいいという考えもある。

だが、青色発光ダイオードを開発したカリフォルニア大学教授の中村修二《しゅうじ》さんは違う。たとえ非能率的でも、自分の手で障害を一つ一つ克服していくことで見えてくるものがあるからだ。こう言っている。

「百の未完成なものを経験するより、一つの完成品をつくることのほうが大切だ。完成品をとにかくつくりあげること。このことが非常に重要なのである」

もちろん幾多の失敗があり、中村さんも、「自分の人生はこんなムダなことの繰り返しで終わってしまうのか」と先行きに絶望したこともあるという。

けれどもそこで「やめたほうがいい」という他人の忠告や、自分の弱気の声を聞いて撤退してしまうと、撤退の仕方を学ぶだけに終わると考えた。

なにかあるたびに「どうせムダな時間を過ごすだけだから」と、都合のよい理由をつけて匙《さじ》を投げていてはなにも生まれない。

失敗するにしても、失敗を確かめるために最後までやり遂げるほうがいい。やり方は問わない。時間がかかろうが、遠回りだろうが、とにかく自分の手で最後までやり遂げるのだ。

中村さんはかつての勤務先・日亜《にちあ》化学での最初の十年間、大ヒット製品をつくったことはない。ただ、新製品をいくつか出すことはできた。

のちに中村さんが、当時世界でだれも開発に成功していなかった青色発光ダイオードの開発を願い出たとき、当時の小川信雄社長が三億円の予算をつけたのは、「あいつはやることはやる。売れる売れないは別にして、ちゃんと製品を完成させた」という中村さんへの評価があったからだという。

少々無理をしても思い切って行くことだ。完璧なチャンスなんてないんだから。

――元ボクシングJミドル級世界チャンピオン　輪島功一

大リーグには四十歳を過ぎても現役バリバリの投手がいくらでもいる。大リーガーにとって、「年をとる」と「衰える」は必ずしも同義語ではないようだ。

とはいえ、そんな大リーグにあっても、三十五歳でメジャーデビューを果たしたジム・モリスの存在はやはり事件だった。

しかも、マイナー暮らしを経て大リーガーになったのならまだわかるが、ジム・モリスの場合は、もともとテキサスの高校教師だった。かつてマイナーリーグに所属した経験はあるものの、十年以上もプロの世界から遠ざかっていたのだ。

転機はコーチを務める野球チームの子供たちに、夢や目標を持つことの大切さを説いたことだ。子供たちから「コーチはどうなんです」と聞かれ、「チームが地区優勝したらプロテストを受ける」と約束した。不可能と思われた地区優勝を、子供たちは必死の練習でついに成し遂げ、モリスは約束どおり大リーグのテストを受けることになった。

当日は若いころにも出したことのない百五十八キロの速球を投げて、みごとに合格したが、妻と三人の子供を抱えて再び大リーガーを目ざすのは、ためらわれた。

そんなモリスの背中を押したのは、妻ローリーの「八歳の息子が、父親の夢がかなうのを待ちわびているわ。いまやめたら、あの子になんて言うの」の一言だった。やがてモリスはAAA、AAAを経て、メジャーのマウンドに立った。実に三十五歳でのデビューだった。

メジャーでは二十一試合に登板、十五イニングを投げた。十三奪三振、防御率四・八〇という成績で、勝敗に関係することはなかったが、その生き方は全米に大きな感動を呼び、半生を描いた『オールド・ルーキー』は小説、映画ともに大ヒットした。

社会が望み、人が喜ぶことを本気でやるつもりなら、それほど規制を感じることはないはずです。

——セコム創業者　飯田亮

人は本当に信じていることであれば、多少の困難は堂々と乗り越える。

セコム創業者の飯田亮《まこと》さんは、未開拓の新事業にしか興味がなかった。「こんな商品、サービスがあれば便利だな、助かるな」が発想の原点であり、社会が望み、人が喜ぶものこそ、事業として手がけてみたいと考えていた。創業した日本初の警備保障会社が、まさにそうだった。

とはいえ、未知のビジネスであるだけに、ノウハウはだれも教えてくれず、自分で考えるしかない。未知数だから営業も苦労するし、さまざまな規制や抵抗にも直面する。当然、飯田さんも大変な苦労をした。それについて、こう考えている。

「社会が望み、人が喜ぶことを本気でやるつもりなら、それほど規制を感じることはないはずです。本気でやろうとしないで、『この規制があるからダメだ』と言っていると、規制は実際より大きな壁になってしまうものです」

役所で「これはダメですかね」なんて腰の引けた聞き方をすれば、にべもなく「ダメです」と言われるだろう。だが、「これは社会の要請なんです。社会が望むものはやっていいでしょう」と言えば、そうそう安易に反対はできなくなる。信じる人のまわりには、やがて人が集まって、支え、協力してくれるものだ。

自分のしていることが
世の中に必要かどうか、
自分が組織に必要な人間かどうか
をつねに反省しなければならない。

――宮崎交通創業者　岩切章太郎

「存在理由のない企業は、社会から消えていきます」というのは、京セラの稲盛和夫さんの言葉だ。

かといって、「必要かどうか」を問いかけることもしない傲慢さもいかがなものだろうか。

宮崎交通創業者である岩切《いわきり》章太郎さんが言うように、「自分のしていることが世の中に必要かどうか。自分が組織に必要な人間かどうか」を問いかける謙虚さを持つことが大切だ。

「自分なんか」と卑下《ひげ》することではなく、つねに「必要なことをやろう」と努めることであり、「必要であろう」と努力を続けることだ。そういう意思があって初めて、人は「必要なこと」「正しいこと」をやり抜くことができる。

人生に遅すぎるということはない。

――日清食品創業者　安藤百福

たとえば通常の転職の限界は三十五歳といわれている。世の中には、年齢が進むことはそれだけで、ある種の困難を生むというイメージがある。

そうしたイメージを打破し、五十歳でも六十歳でも新しい出発はあるとエールを送ったのが、日清食品創業者の安藤百福《ももふく》さんだ。

安藤さんは一九一〇年生まれ。若いころから貿易商社や精密機械製造を行なうが、第二次世界大戦によってすべてが消失した。戦後は百貨店経営や食品事業に乗り出すものの、請《こ》われて理事長を務めた信用組合の倒産により、自宅以外すべてを失ってしまった。五七年、四十七歳のことだ。

さすがに「もうやり直しはムリだ」と考えるところだが、安藤さんは違っていた。わずかに残った自宅の庭に建てた小屋でインスタントラーメンの研究を始める。それも苦労の連続で、ようやくチキンラーメンの商品化に成功したのは五八年だった。

「即席麺の開発に成功したとき、私は四十八歳になっていた。遅い出発とよく言われるが、人生に遅すぎるということはない」

と語っているように、その後の歩みは順調だった。チキンラーメンの成功により、日清食品は六三年には東証二部へと上場を果たすほどになった。

以後も事業意欲は衰えることなく、七一年には日清カップヌードルを発売、世界の食文化を変えるほどの存在になった。その業績は、二〇〇七年に心筋梗塞で亡くなったとき、ニューヨーク・タイムズが社説で、「ミスターヌードルに感謝」という見出しのもと、安藤さんが発明したチキンラーメンやカップヌードルを絶賛したほどだ。

2章

自分の仕事に誇りを持て

納得できない仕事はしなくてもよい。

――リコー元会長　浜田広

「なぜやるんだ」「別の方法があるのに」などと思いながら、「上司の命令だから」と無理に自分を納得させて従った経験はないだろうか。納得のいかない仕事が、「会社のため」「上司の命令」が加わることで「やるしかない仕事」「やるのが当然の仕事」に変わってしまう構図だ。

ここには二つの問題がある。

一つは、会社のために自己犠牲を強いられてしまうこと。

もう一つは、一方でその仕事が不首尾に終わったときに、「上司の言うとおりにやったのに」「会社の方針だったから」と責任転嫁してしまいがちなことだ。大切な「自分の考え」「自分の責任」が消えていく。

納得の重要性を強調して、「自分が納得できない仕事はしなくてもよい」と言ったのは、リコーの常務時代の浜田広《ひろし》さんだ。

社内でかなりの物議をかもしたセリフだ。これを「嫌いな仕事はしなくてもよい」とか「やりたくない仕事はしなくてよい」と誤解する人も多かったからだ。

真意はあくまで「納得」にある。

納得できない仕事を納得できないままやっても、知恵は出ないし、たいした成果は出ない。上司の指示に納得がいかなければ、はっきりと言うべきだ。

上司もそれを「いいから黙ってやれ」と封殺《ふうさつ》してはならない。

「それはこういうことだよ」

「ああ。わかりました。納得しました」

という構図にしていかなければならない。

そのときはいささか波風が立つかもしれない。だが、このほうが結局は本人を成長させる。いい仕事への扉が開くのだ。

なんとなくという感じで投げてしまうと、往々にして悪い結果が出る。

――元東京ヤクルトスワローズ選手兼任監督　古田敦也

納得の大切さについて、東京ヤクルトスワローズ元監督で、名捕手でもあった古田敦也《あつや》さんが、こんな言葉を残している。

「なんとなくという感じで投げてしまうと、往々にして悪い結果が出る」

若い投手が「日本を代表する名捕手・古田さんの出したサインにノーは言えない」と遠慮して、納得しないままに投げることがあってはならないという警句だ。遠慮せず意思を伝え、納得のいくボールを投げてほしい、というのが古田さんの考えだ。

「いままでは勝ったら監督のおかげ、負けても監督のせいと思っていましたが、これからは自己責任のいばらの道でやってみたい」

というのは、シドニーオリンピック金メダリストのマラソンランナーである高橋尚子《なおこ》さんの言葉である。

高橋さんといえば小出《こいで》義雄元監督の顔が浮かぶほど、二人の師弟関係は強かった。無名に近かった高橋さんを、世界を代表するマラソンランナーにまで育て上げた小出元監督の手腕はたしかだ。

しかし、高橋さんは十年の長きにわたった関係に二〇〇五年に終止符を打ち、スポーツ選手として自分で考え、自分の責任で行動する道を選んだ。小出元監督のもとを離れ、独立の道を選んだのだ。

高橋さんの場合は、小出元監督の指導に納得いかなかったわけではないだろう。ただ、残り少なくなった現役生活、北京オリンピック出場という目標を考え、自分の責任で、さらに納得のいく道にステージアップしたいと考えたのではないだろうか。

納得した信頼関係があっても、それにいつまでも甘んじない。まして納得できない場合はどうするか、明白ではないか。

もっといい手はないだろうかと、自分に与えられた時間をいっぱい使って、苦しみながら考えることが大切だ。

――将棋棋士　木見金治郎

「長考する」という言葉があるように、将棋の棋士は一手に一時間も二時間も考え続けることがある。そんなに考えることがあるのかとも思えるが、勝負を決める一手にシミュレーションを重ねるのは当然のことである。

もっとも、棋士がいつも時間をかけて考えるかといえば、そんなことはない。将棋の大山康晴《やすはる》さんは、十二歳で木見金治郎《きみきんじろう》八段の内弟子になり、二年後に初段となっている。当時は一局あたりの持ち時間が七時間あったが、強かった大山少年はわずか二、三時間で勝つことがよくあった。

普通なら早く勝負を決めて立派とほめられるところだが、木見八段は、

「もっといい手はないだろうかと、自分に与えられた時間をいっぱい使って、苦しみながら考えることが大切だ」

と諭《さと》した。そして、持ち時間のすべてを使い、負けてへとへとになって帰ってきた大山少年をこそ、「ご苦労さん」といたわったという。

相手が弱いうちは、自分の考えたとおりの手で勝てる。しかし、いずれそれでは通用しなくなる。だから、与えられた時間を十分に使って、もっといい手を考え、試行錯誤を重ねることだ。苦しみながら考えることが、将来の血となり肉となる。勝ったとしても、よくよく考えるともっといい手があったときは、むしろ失敗であるというわけだ。

以来、大山さんは木見八段の教えを守るだけでなく、「強くなりたいなら、一手を指すのに少し時間をかけなさい」と他人にも助言するようになったという。

われわれがほかと違うのは、なにごとについても五分間よけいに考えるからだ。

――セコム創業者　飯田亮

ビジネスで大切なスピード、交渉力、行動力などには、共通の前提がある。「しっかり考える」ということだ。

考えがないと、スピードを上げるのは拙速になり、交渉は争いになり、行動は無鉄砲になって失敗することが多い。

日本初のセキュリティビジネスを創業、成功させたセコム創業者・飯田亮さんは、セコムがいまも成長し続けている理由はなにかと問われ、こう答えている。

「既成概念を持っていないとか、現状打破の精神を持っているということもあるが、われわれがほかと違うのは、なにごとについても五分間よけいに考えるからだ」

飯田さんは、「これでいい」と思ってから再度考え、考え違いや考えもれに気づいたことが何度かあったという。そこから、考え抜いて決めたことでも、「本当によいか」と五分間よけいに考える習慣がついたという。そうすることで思考は初めて充実したものになる。この五分間こそが、「考える執念欠乏症」を防ぐというのだ。

たしかに、計画を「このくらいでいいか」で始めると、実行に移ってから問題やトラブルが生じ、その対応に追われて達成どころではなくなってくることがしばしばある。しっかり考え、計画の障害はなにか、起こりうる事態はなにか、対処はどうかを準備するほうが結局は近道になる。多少は時間やコストがかかるが、トラブルに見舞われてからの時間やコストの消費より、はるかに少なくてすむ。

また、しっかり考えることで、やり抜く意思が固まるという面もある。人は考え抜いて踏み切ったものであれば、なにがなんでもやり抜こうという気持ちになるものだ。反対に、いいかげんな気持ちで始めたことは、ちょっとしたことで揺らぎ、挫折しやすいものである。

実際につくるときは、料理書を超える、よりおいしいつくり方を絶えず模索している。

――帝国ホテル元総料理長　村上信夫

村上信夫《のぶお》さんは、日本におけるフランス料理の隆盛を築いた功労者の一人である。そんな村上さんが、若い料理人に与えたアドバイスの一つが「急ぐな」だ。

若い料理人は、流行を追い、先を走りたがる傾向があるが、流行ばかりを追って基本をおろそかにすると、必ず中途半端になって、お客様にあきられる。大切なのは基本である。じっくりと一生懸命に勉強し、現場を踏み、経験を重ね、お客様が喜ぶ料理を絶えず考え続け、工夫することが大切だという。

村上さんによると、本当にうまい料理は時代や流行を超えて生き残る。実際、百年以上前の料理書に記された料理でも、スタンダードなおいしいものは、いまもしっかり生き残っている。それに対し、奇をてらった料理は自然に淘汰《とうた》されていく。

村上さんは駆け出しのころから、古典とされる料理書をむさぼるように読み、バイブルとあがめてきた。

ただし、実際に料理をつくるにあたっては、料理書を超えるつくり方を模索しているという。基本は踏襲しつつ、新しい工夫をこらして挑戦していく。こうした取り組みこそが料理人の醍醐味《だいごみ》だという。

「まねる」ではなく、改善や創意工夫をこらすことが、仕事と自分を変えていく。

まねをして楽をしたものは、その後に苦しむことになる。

――本田技研工業創業者　本田宗一郎

かつてのソニーは、スティーブ・ジョブズが手本にしたほど高いブランド力を世界中で誇ってきた。その理由の一つは、同社が「世界初」の商品にこだわり、実際に提供し続けてきたからだ。

盛田昭夫《もりたあきお》さんとともにソニーの前身である東京通信工業を設立した井深大《いぶかまさる》さんが最初に取り組んだのは、テープレコーダーの開発だ。一九五〇年に日本で初めて発売している。続いてトランジスタラジオを開発、アメリカに輸出して大ヒットとなる。ソニーと社名を変えてからも、独自の技術を開発し続けた。

ソニーが開発した市場には、豊富な資金力を持つ大手電機メーカーが相次いで参入し、大量生産によって同社を追い抜いていくという構図が長い間続いた。ある大手メーカーの経営者は、「うちにはソニーという研究所がある」と言ったほどだ。そんなようすを見て、「ソニーはモルモットである」と評した人もいる。

当時、日本企業には、欧米に追いつけ追い越せと、模倣《もほう》によって成長し、模倣をよしとする風潮があった。

けれどソニーは、「うちもまねをすればいい」にはならなかった。井深さんは、「人まねではない新しいことを手がけよう。産業となりうるものがいくらでも転がっているのだから、モルモット精神を上手に生かしていけば、いくらでも新しい仕事ができてくるということだ」

とモルモット精神に拍車をかけたものだ。

「まねをして楽をしたものは、その後に苦しむことになる。安易な模倣に走り、独自の創意を放棄するような考え方が生まれた瞬間から、企業は転落と崩壊の道をたどり始めるだろう」

これは、井深さんの盟友でもあり、ソニー同様に独自の技術にこだわり続けた本田宗一郎さんの言葉である。

「まね」から「理解」へのステップが創造力をつちかう基礎になる。

——将棋棋士　羽生善治

まねをすることのすべてが悪いわけではない。たとえば個人がなにかを学ぼうとするときには、先生や師匠の言うとおり、教えるとおりにまねをするところから始まる。

棋士の羽生善治《はぶよしはる》さんも、師匠につき、先輩棋士の棋譜を並べ、定跡《じょうせき》を覚えることで力を磨いていった。こうした基礎基本をおろそかにしては、実力など身につくものではない。

羽生さんはまねてみることの大切さを認めつつ、「まね」から「理解」へ進むことが大切だと考えている。

「丸暗記しようとするのではなく、どうしてその人がその航路をたどったのか、どういう過程でそこにたどり着いたのか、その過程を理解することが大切だ」

そうやって理解しながら、棋譜を並べ、定跡を覚えていく。それを続けていくうちに少しずつ本人のレベルが上がってきて、やがて自分なりの航路を考えられるようになるという。

大切なのは定跡を丸暗記することではなく、「なぜ」「なぜ」と考えていくことだ。すると、「ああ、そういうことだったのか」がふっとわかり、それをきっかけに自分オリジナルの考えが浮かんでくるようになる。

たとえば仕事で上司に言われるがままの仕事を続ける。失敗もなく楽でいいのだが、そこに「自分で考える」という過程が抜け落ちていると、いつの間にか指示がないとなにもできないようになってしまう。

同様に、他社、他人のあと追いばかりをしていると、いつの間にかまねするべきものがなくなり、この先なにをしていいのかがわからなくなる。

すべてをゼロから考えるのはとても難しい。だから最初は模倣から始まってもいい。大切なのは、そこに「自分で考える」「なぜと問う」習慣を取り入れることだ。

道順を十回聞いたほうが、一回道に迷うよりよい。

——ユダヤのことわざ

技術者が新製品を開発するにあたり、心を砕くのは新しい技術を盛り込むことだ。新技術で付加価値を高めれば、価格を引き上げることもでき、メーカーにとってもこれはいい話である。

だが、新技術はユーザーにとってつねにいいとは限らない。身近な家電製品や携帯電話などを見れば、付加された新技術を、実際にはほとんど使っていないのが実態ではないだろうか。技術者やメーカーは、ろくに使われず、さほど必要ともされない新技術の搭載に熱中する。ユーザーは、必要な機能だけを搭載した使いやすさを求める。つくり手の思いと、ユーザーの思いが大きく隔《へだ》たっている。

かつてつくり手の論理がユーザー離れを招いた端的な例はゲームだ。

任天堂のファミコンやソニーのプレイステーションの登場で一時代を築いたゲーム業界

は、二〇〇〇年に入って以降、市場の縮小に見舞われた。マニア層に応えるために画像の鮮明さ、難易度を追求した結果、ゲームが際限なく複雑になり、ユーザー離れを招いたのだ。コアなファンは残ったが、気軽にゲームを楽しみたい人が離れていった。

それに危機感を感じたのが、任天堂の社長を創業家から引き継いで、十五年間双肩《そうけん》に担った岩田聡《いわたさとる》さんだ。

岩田さんは、ユーザーの裾野《すその》を広げ、老若男女みんなが同じように楽しめるものを目ざし、ニンテンドーＤＳやＷｉｉ（ウィー）を開発して成功した。いわば「つくり手の論理」を脱し、「お客様が求めているものはなにか」を考えた結果がＤＳであり、Ｗｉｉであったわけだ。

仕事は「お客様のため」になってこそ価値がある。それは「お客様は神様」とは微妙に違うスタンスなのだ。

勝手なメニューは書くなよ。自己満足するようなメニューを書いて威張っているんじゃないぞ。

——帝国ホテル元社長　犬丸徹三

帝国ホテル元総料理長の村上信夫さんによると、料理の世界にも「自分勝手なメニュー」と呼ばれるものがあるという。お客様のことを忘れて、自分の好きな料理を並べてしまうことだ。「自己満足のメニュー」と呼ぶこともできる。

「得意な料理を出したい」というのは、コックの本能だが、それを抑えて、お客様に喜んでいただけるオーソドックスな料理を基本に、バリエーションを考えていくことも必要だ。

メニューには料理人の力量がまともに出るだけに、帝国ホテルの社長であり、コックとして修業した経験も持つ犬丸徹三《いぬまるてつぞう》さんは、料理人にいつもこう諭していた。

「勝手なメニューは書くなよ。自己満足するようなメニューを書いて威張っているんじゃないぞ。お客様が喜んで、今日の料理はおいしかった、楽しかったと言われて初めて、『おれの料理は』と威張るんだぞ」

技術者にしろ料理人にしろ、その道のプロであるだけに、技術のことや料理のことに人一倍詳しいし、自信を持っているのは当然のことだ。

それ自体はいいことなのだが、自信がありすぎてお客様の視点を忘れ、「自分のつくっているものが最高なんだ」という錯覚に陥ってはいけない。「最高のもの」は、プロの技にお客様の満足が加わって初めて実現される。それを忘れてはならない。

従業員が毎日大急ぎで出社し、前夜から考えていたことを試してみるような会社になることを望んでいます。

――ゼネラル・エレクトリック元CEO　ジャック・ウェルチ

ＧＥ（ゼネラル・エレクトリック）は、アメリカを代表する企業の一つである。だが、その長い歴史の中で、つねに最強企業であったわけではない。老舗であるがゆえに、官僚主義におかされ、日本の電機メーカーなどに市場を奪われた時期もある。そのＧＥを、世界最強と呼ばれるにふさわしい企業へと変革させたのが、一九八一年にＣＥＯに就任したジャック・ウェルチだ。

ウェルチの経営手法は多くの企業に影響を与えたが、一方で、他社からすぐれた手法やアイデアを学び、大胆に取り入れたことでも知られる。「つねに学ぶ姿勢を保て」が信条であり、ＧＥに「学習する文化」をつくりあげようとした。一九八九年のアニュアル・レポート（株主や投資家向けの年次報告書）でこう語っている。

「GEが、従業員が毎日大急ぎで出社し、前夜から考えていたことを試してみるような会社になることを望んでいます。また、従業員が帰宅してから、その日の仕事を忘れようとするのではなく、家族に話して聞かせるようになることを望んでいます。従業員が仕事のやり方を毎日改善し、仕事の経験を整理することによってみずからの生活をより豊かにし、会社を最良の企業にしてくれることを望んでいます」

そしてその中で、「着々と成功をおさめている新興企業に見られる企業文化」を例示しているが、その新興企業こそ、日本のトヨタ自動車のことであった。GEは、トヨタの改善の風土に学び、「学習する文化」を持つ企業を目ざしたのだった。

ただ、言われたとおり、なにも考えずに行動するのは、「仕事をしている」ではなく、「仕事を流している」にすぎない。

——元週刊朝日編集長　扇谷正造

仕事を改善し続けるには、強いモチベーションが欠かせない。トヨタはそうした社員のありようを、こう表現している。

「会社に『仕事に行く』ではなく、『知恵を出しに行く』のだ」

毎日、言われたとおりの仕事を繰り返すだけだと、人は単調さに飽き、「早く終業時間がこないかな」と考えるようになる。「つまらない会社だ」と思い、出社が苦痛になってくる。

だからトヨタは、「つらさ」「しんどさ」を感じたなら、「どうすれば楽になれるかを考えよう」と社員に言っている。この「どうすれば」が、改善の知恵である。自分の出した知恵が採用され、仕事が変われば、やりがいにつながる。

「なにかいい方法がないかなあ」と家で考えていて、ふといいアイデアが浮かぶ。それを翌朝、会社でみんなに話したい、実際に試してみたいと思うようになる。これがトヨタの「知恵を出しに行く」である。

「いやいや仕事をする」のではなく、「わくわくと仕事をする」のがいい。そのためには、ささいな問題でも「ああすればいい」「こうしたらどうだ」と考える習慣をつけることだ。

わしの言うとおりやるやつはバカで、やらんやつはもっとバカ。もっとうまくやるやつが利口。

——トヨタ自動車元副社長　大野耐一

トヨタ生産方式の基礎を築いたトヨタ自動車元副社長・大野耐一《たいいち》さんに有名な言葉がある。

「わしの言うとおりやるやつはバカで、やらんやつはもっとバカ。もっとうまくやるやつが利口」

つまり、「やれ」と言われてやらないのはとんでもない話だが、かといって、言われたままやるのはただのバカ者だ。大野さんが口にしたヒントをもとに、もっといい改善案を自分の頭で考えて実行し、ヒントを上回る結果を出すことが大切である。それができて初めて、「利口」ということになる。

トヨタ自動車名誉会長の張富士夫さんは、若いころ、上司だった大野さんによくこう言われたという話を紹介しながら「これはつらかったね」と述懐している。それくらいだから、部下にとって「すぐにやれ」、しかし「もっとうまく」がいかに大変だったかは想像に難《かた》くない。

しかし、この「そのまま、まねる」のではなく、「もっとうまく」こそがトヨタの強さの秘密であることも事実だ。指示のまま、本で読んだまま、話を聞いたまま、見てきたままの仕事は楽でいいが、それでは競争には勝てないし、「そのまま」の中には自社には合わないものもときにある。必ず知恵をつけ、改善を行なう。それがトヨタを世界のトップ企業にしたといっても過言ではない。

新たな真理を発見するよりも、それを世間に認めさせるほうがずっと難しい。

――フランスの博物学者　ラマルク

島津製作所の田中耕一さんが、四十三歳の若さでノーベル化学賞を受賞したとき、メディアを中心に、「田中フィーバー」とでも呼ぶべき現象が巻き起こった。

ノーベル賞受賞者というイメージからほど遠い、素朴で実直そうな係長の姿を目にしたとき、多くの日本人は驚き、同時になんとも言えぬさわやかさ、清々しさのようなものを感じ取った。業績については理解できなくとも、田中さんの人間性のすばらしさは理解できた。

こうして一夜にして国民的ヒーローとなった田中さんだが、そこに至る歩みは決して恵まれたものではなかった。入社三年目に、受賞の対象となる「たんぱく質を丸のまま分析する技術」を発見し、質量分析装置の開発、製品化に成功しているが、装置は一台しか売れず製造中止の憂き目《うめ》にあっている。それどころか、しばらくしてイギリスの子会社への出向を命じられている。

この左遷《させん》とも思える人事を田中さんは、「よし、イギリスで心機一転、がんばろう」と意外なほど平然と受け止めたという。それは自分を評価してくれる一人の専門家が社外にいたからである。

当時大阪大学教授だった松尾武清《たけきよ》さんである。松尾さんは、田中さんの発見を高く評価し、国際会議で発表し、英語の論文を書くようにすすめてくれた。この論文が、ノーベル賞選考委員会に業績を認められるきっかけになった。

自分のまわりにいる人すべてが、「ダメだ」と批判することはなかなかないものだ。一人でも評価してくれればいい。「評価というのは相対的なものだし、多様なものだ」と感じている田中さんは、「実験装置に向かう自分の背中を後輩たちが見てくれていたんだな」と感じることがなによりうれしいという。

追っていけば、追いつける。

——元マラソン選手　市橋有里

低すぎる自分の評価は多くの場合、「なぜみんなわかってくれない」という不満につながりやすい。自分の言うことを相手が聞いてくれないのは、もしかしたら他人があなたの能力を認めていないからかもしれない。

自分のやりたいことをやらせてくれないのも、やはりあなたの能力に、他人が不安を抱いているからかもしれない。

自分を卑下しろという意味ではない。自分がやりたいことをやろうと思うなら、他人からの評価を得ることが必要になるということだ。

サッカー・Jリーグの三浦知良《かずよし》選手は、十五歳でブラジルに渡りプロとして活躍したのち、日本に帰国してJリーグを牽引《けんいん》し、日本代表としても大活躍をした。

しかし、こうした華やかさの一方で、数々の悲運も経験している。

日本人として初めて挑戦したセリエAでは、ケガにより満足な結果を残せずに帰国、念願だったフランス・ワールドカップには大会直前の合宿で代表からはずされ、以後も京都パープルサンガ（現京都サンガF.C.）でのゼロ円契約（クビの宣告）などを経験する。けれども、クロアチアやシドニー、J2の横浜FCなど決して恵まれた環境ではないにもかかわらず、つねにサッカーを続け、二〇〇七年には再びJ1への復帰を果たすことになった（現在はJ2）。

三浦選手ほどの知名度、タレント性があれば選手にこだわる必要はない。指導者や解説者になる道もあれば、タレントとしても十分に通用する。〇七年には参議院選挙への立候補を誘われたほど国民的人気、知名度は高いものがある。

にもかかわらず三浦選手は五十歳を目前にしたいまも現役を続け、日本人最年長ゴール記録を更新し続けている。そして「自分を必要としてくれるところがあればどこにでも行く」とはっきり口にしている。もちろん日本代表復帰、ワールドカップ出場の夢も捨てていないし、それだけの努力も重ねている。

希望は、ひとたび信じられてしまえば、長期にわたって保《も》つものである。

――オウィディウス『アルス・アマトリア』

二〇〇三年のシーズン後に中日ドラゴンズ監督に就任した落合博満《ひろみつ》さんの会見はちょっとした驚きだった。そのシーズンまで中日は四年間優勝から遠ざかっていたうえ、落合さんは選手としては三冠王三度の実績があるが、監督としては未知数だ。優勝を目ざすためにトレードや大物外国人選手の獲得などフロントに注文をつけていいはずだが、落合さんは「いまの選手で十分に勝てる。戦力の底上げをすればいいのだから」とさしたる補強もなしにシーズンに臨むことを宣言した。

そして日本一こそ逃したものの、言葉どおりみごとにリーグ優勝を遂げている。以後も八年で四度優勝を果たしているわけだから、みごとと言っていい。

チームによってはお金にものを言わせて、前年までとまるで顔ぶれの違うチーム編成をする時代、補強ではなく「戦力の底上げ」で優勝を手にしたのはすごい。

戦力の底上げは偶然の産物ではない。就任一年目、一軍と二軍の枠をとりはらってすべての選手に希望を与え、キャンプインと同時に紅白戦を行なうなど、さまざまな手を打った。

練習の厳しさはよく知られていた。「競争に勝つには練習しかない。競争に勝った者だけがここでプレーする」というのが、落合さんの考え方。実力以上のことは要求しないが、持っている能力を一〇〇パーセント発揮することを求め、やれることをやらない選手には厳しい姿勢で臨む。選手は力を一〇〇パーセント発揮するために必死に練習し、その練習が一〇〇の力をプラス五、プラス一〇と伸ばしていくのだ。

社員や選手の潜在能力の合計が組織の強さ、チームの強さを表わすわけではない。大切なのは実際に発揮している力、つまり顕在能力である。その合計が大きく、しかもうまくまとまったときに、組織やチームは類《たぐい》まれな強さを発揮することになる。

役に立つことを知っている者が賢い。たくさん知っている者ではない。

――古代ギリシアの悲劇作家　アイスキュロス

将棋の世界には多くの定跡がある。情報化の進展により、定跡の整備が非常に進んだ。新しい戦法や戦型の情報もあっという間にみんなが知る。こうした知識は重要で、「知らなかった」ゆえに負けることは、プロ棋士には許されない。将棋の全七タイトルを独占したこともある羽生善治さんも、若いころは定跡などを一生懸命に覚えたという。

だが、定跡などの知識が豊富にあれば勝てるのかというと、それは違う。定跡は記憶するだけではほとんど役に立たないらしい。そこに自分のアイデアや判断をつけ加えて、より高いレベルに昇華させる必要があるという。

「知識は単に得ればいいものではなく、知識を積み重ねて理解していく中で『知恵』に変えないと生かすことはできない」

つまり、自分の頭で考えることが必要になる。考え続けていくと、対局中に思い浮かぶたくさんの知識のピースを連結する知恵が働くようになる。「この手しかないから、見通しが立つまで考えよう」という具合に、ピントを合わせられるようになるというのである。

無知はいけない。しかし、知識人が「できる人」というわけでもない。肝心なのは、問題を主体的に解決できる「知恵者」を目ざすことだ。

切迫感を感じなければ知恵は生まれない。

――第一次南極越冬隊長　西堀栄三郎

「知識と知恵は別ものである」という言い方がある。

知識はお金で買える。たとえば勉強、読書、インターネット検索などで、たくさん、簡単に手に入れることができる。では、知識があれば仕事ができるか、問題解決ができるかとなると、それはまた別だ。「知恵」が必要となってくる。

仕事に役立つ知恵の出し方について、二人の人が似たことを言っている。

一人はトヨタの大野耐一さんで、こう言っている。

「困らなければ知恵は出ない」

それも少しぐらいの困り方では、知識や経験が邪魔をして知恵が出ない。本当に困ることが必要だ。たとえば、材料もない、人もない、設備もないといった「ないないづくし」でものをつくらないと会社がつぶれるというほど困れば、人間は「なんとかしなければ」と必死に知恵を出す。大きな困難が大きな知恵を生む、というのが大野さんの考え方だ。

もう一人は、第一次南極越冬隊長の西堀栄三郎さんで、こう話している。

「切迫感を感じなければ知恵は生まれない」

切迫感と知識が一緒になったときに知恵は生まれる。追いつめられた状態で、あきらめたり、「だれかがなんとかしてくれる」と逃げたりせず、自分自身の責任として問題に対峙《たいじ》する中で知恵が生まれる。これが西堀さんの考え方だ。

「困った状況で、自分の頭で考える」という根本が同じであるところが興味深い。

ただし「必死で考える」と言うのはやさしいが、それはけっこうつらい。

「頭を使う、考えるということには努力がいる。額に汗する労働にも似た厳しさがある。人はいろいろな言いわけを自分にもうけて、このハードワークから逃避しがちだ」

これは、東芝元会長・佐波正一《さばしょういち》さんの言葉だ。もとは、アメリカ駐在時代にトーマス・エジソンの研究室で目にした画家レイノルズの言葉だという。

書物よりは見聞、地位よりは経験が第一の教育者である。

——アメリカの教育者　オルコット

スタッフと現場の関係が、うまくいかないケースは少なくない。スタッフは、現場の実態を知り、改善を行なうさまざまな施策を打ち出すのが理想だ。ところが、実際にはデータの収集、報告に多くの時間をとられ、現場に出る時間が極端に少なくなってしまうという現実がある。こうなると、スタッフがよかれと思った施策も、現場の実態をきちんと把握していないために、かえって現場の混乱を招くことになってしまう。

スタッフだけに非があるわけではない。現場にも、「現場を知らない人間の決めた規則やマニュアル、標準なんか守っていられるか」という思いがある。

こうして互いにすれちがっているだけでは、なんの解決にもならない。しかし現実は、なかなか難しいようである。

「現場を知らない企画屋ほどやっかいなものはない」

と、住友生命保険元会長・千代賢治《ちしろ》さんが言ったとおりである。

君は自分を賞賛する者、味方する者だけから教訓を得ているのではないか。

――アメリカの詩人　ホイットマン

味の素の元会長・江頭邦雄《えがしらくにお》さんは、「現場に飛び込み、自分の目で確かめる」を信条としていた。熊本駐在員時代の江頭さんは、熊本県での売上を二年間で四倍に伸ばす実績を上げている。しかし、本社の人間は、「これが売れないのはおかしい」と難癖《なんくせ》ばかりをつける。しかし、それは、熊本と東京の食生活の違いが売れ筋商品の違いになっているだけだった。

その後、資材課長になった江頭さんは、第一次石油ショックによる原料や包装資材の調達に苦戦を強いられることとなったが、その際も調達先をくまなく回るなど現場に足を運び、実態の把握に努めた。すると、苦戦の原因の多くが、味の素の非にあるとわかったのだ。味の素の態度に問題があったり、無茶を言ったりするために、調達先との関係がこじれていた。

江頭さんは一社一社に足を運んで関係を修復、安定調達への道を開くことに成功する。この際、自分の目で見て、じかに話を聞くことで得たものが実に多かったという。

報告やデータだけで決めると、判断を誤ることがある。報告やデータが間違っているということではなく、判断にはやはり現場感覚や現実感覚が必要だということだ。

人間は疑念を持つが、これが科学の芽生えである。

アメリカの哲学者　エマーソン

思想家で経営コンサルタントでもあったピーター・ドラッカーの考え方の特徴の一つは、見えているお客様よりも、見えないお客様に着目する点にある。

たとえば市場で三割もの高シェアを持つ家具メーカーがあるとする。その企業は、家具市場のことはだれよりも熟知し、ニーズを把握していると自負するだろう。しかし、ドラッカーによれば、シェア三割ということは、逆に七割のお客様のことを知らないということになる。三割にすぎない自社顧客の情報だけを鵜呑《うの》みにしていたら、いずれシェアを失い、倒産すると指摘する。

来ないお客様、見えないお客様の嗜好《しこう》や変化をつかみとることなしには、企業は発展できないのである。

最近では多くの小売店が、ＰＯＳ（販売時点情報管理）で、来店客の情報を瞬時につかむ。しかし、そのデータだけで商売を進めたらどうなるか。来ないお客様、見えないお客様の変化をつかまなければ、新たな需要はつかめない。ＰＯＳは大切な道具ではあるが、データに表われない変化までつかめるセンサーではない。

組織にとって最も重要な外のできごとの多くは、定量化できず、事実となっていないため、コンピュータでつかむのは難しい。外の世界の重要なことは、もはや手遅れという時期にならないと、定量的な形では入手できない。

ドラッカーは言う。

外の世界における真に重要なことは趨勢《すうせい》ではなく、変化である。変化は人間自身が知覚しなければならない。現場に足を運び、自分の目で現物を見て話を聞き、現実に即してものごとを考える。そんな現場感覚、現実感覚があって初めてデータは生き、判断を助けてくれる。

幸せな人間とは、ある環境に置かれた人間ではなく、ある心構え、ある姿勢を持った人間である。

——アメリカのアナウンサー　ヒュー・ダウンズ

本田技研工業創業者・本田宗一郎さんが、いまも多くの人の尊敬を集める理由の一つは、引き際のみごとさにある。

一九六〇年代末、ホンダには、本田さんが推進する空冷エンジンか、若い技術陣が考える水冷エンジンかという意見対立が生じていた。技術に関しては上下のないホンダだが、本田さんはやはり社長である。本田さんがとことんこだわれば、空冷エンジンの採用になったかもしれない。だが、本田さんは盟友である藤沢武夫さんの忠告を受け入れ、若い技術陣の推《お》す水冷エンジンに道を譲っている。

そして七三年に本田さんは六十七歳で、六十三歳の藤沢さんとともに退陣、以後、役員会に顔を出すこともなく、若い経営陣にすべてを委《ゆだ》ねている。当時はまだまだ高齢の経営者が多かったから、「さわやかな引退」と呼ばれ、話題になったものである。

3章

強い信念を持つ人にこそ道は拓ける

百二十試合全部勝とうと思って。

——読売ジャイアンツ元監督　川上哲治

とてつもない夢や目標を口にし、「できるわけがない」と一笑に付されても、「いつかは到達しよう」と日々努力する。短期では結果が出ず、能力もつかないかもしれない。しかし、一年、二年とたつうちに、大きな能力がついてきて、やがては少しずつ結果が出てくるようになる。

「私の理想はボールを一球も逃さないことで、きっとそこまでは絶対にたどり着けないと思っている」

これは、シュテフィ・グラフと世界一を争った女子テニスプレーヤーのモニカ・セレシュの言葉だ。

「百三十試合全部勝とうと思って」

とは、読売ジャイアンツ元監督の川上哲治《てつはる》さんがシーズンに臨む覚悟だった。

「すべてのホールをアンダーパーで回りたい」

とは、女子プロゴルファーで何度も賞金王に輝いたアニカ・ソレンスタムの言葉だ。

いずれも不可能な夢であろう。ただ、「そこに向かって努力する」という決意表明をすることが重要なのだ。

「小成に安んずることなかれ」という言葉もある。少しの努力で到達できそうな目標や、平均的な目標ばかりを追いかけていると、そこまでは到達できても、その先へ進めなくなってしまうものなのだ。「できるわけがない」とあきらめるのではなく、「できるわけがないが、でも」と挑戦する気概《きがい》が大切だ。

なんとしても二階に上がりたい。どうしても二階に上がろう。この熱意がハシゴを思いつかせ、階段をつくりあげる。

――パナソニック創業者　松下幸之助

松下幸之助さんは情念の人であり、つねに強い思いを抱き続けることで成功を手にした人物だ。

ダムが水をたたえるように余裕を持って経営することを説いた、有名な「ダム式経営」にしても、潤沢《じゅんたく》な資金を手にしてから考え出したものではない。大変な借金に苦しんでいた戦後から説いていた。

松下さんは、「なんとしてでも！」を念じ続けた人なのだ。その強い思いが手段を生み、周囲の人をも動かした。

反対にたとえ技術があり、周囲に人材がいたとしても、二階に上がりたいと思わない人、上がっても上がらなくてもいいと思っている人は、「ハシゴ」を考えつくことは絶対にない。

未熟なうちは成長する。

——マクドナルド創業者　レイ・クロック

トヨタ自動車最高顧問を務めた豊田英二さんに、こんな有名な言葉がある。

「いまがピークと思ったら終わりだ」

人にも会社にも成熟期というものがある。自分なりの方法論を確立して成功を積み重ねる時期とか、マーケット需要がピークに達した時期などだ。

しかし成熟期は、やがてゆるやかな下降に向かうターニングポイントでもある。

マクドナルドの創業者であるレイ・クロックは、セールスマンだった時代に、「気軽に入れて安くておいしい」ドライブインを経営するマクドナルド兄弟と出会い、協力して五年間で二百二十八店舗の巨大チェーン店の基礎を築いた。

ここで両者の対立が生まれた。

マクドナルド兄弟がそこで満足したのに対し、レイ・クロックはマクドナルドをもっと成長させたいし、みずからも経営者としてさらに大きくなりたいと考えた。レイは巨額な権利金を払って兄弟から経営権を買い取り、さらなるチェーン店づくりに乗り出す。

これが現在のマクドナルドの繁栄をもたらしたのだ。

マクドナルド兄弟のように、ある程度の成功を手にし、「これで十分だ」と満足するのも一つの考え方ではある。巨額な権利金を手に悠々自適の生活に転じるのも悪くはあるまい。

だが、ビジネスの世界に身を置く限り、「十分」はありえない。満足するのは危険である。たえざる革新によって、「成熟すれば、あとは衰える」ビジネスの掟《おきて》を乗り越えていかなければならない。

人も企業も「もっと」という向上心が薄れ、「これでいい」と思うようになったときが、成熟から衰退への分岐点なのだろう。

停止は退歩を意味する。

——野村證券創業者　野村徳七

勝ち進んでいる人や企業の特徴の一つに、「攻めの姿勢」があげられる。十分に勝っていても、手をゆるめないのだ。そこまで攻め続ける理由は共通している。

「停滞イコール後退ですからね。つねに挑戦。気がゆるんだらおしまいです」

ずっと走り続けるのはなかなかつらいものがある。満足すべき成果を上げたあとは、少しぐらい休みたいのが人情だ。しかし、今日のような変化の激しい時代、現状維持は後退と同じである。

野村證券には、創業者の野村徳七《とくしち》さんの手になる「創業の精神十ヵ条」というのがある。その中の一つに「先取りの精神」がある。しばしばこう言っていたという。

「つねに一歩前進することを心がけよ。停止は退歩を意味する」

創業当時、同業他社が事務所は畳敷き、社員の服も伝統的な縞《しま》の着物に角帯《かくおび》だった中、野村證券は机とイス、服装も一部は背広を着用していた。女性社員もいち早く採用して簿記係の助手や電話交換手にするなど進んでいた。

もちろんスタイル面ばかりでなく、早くから顧客第一の営業活動を展開し、海外にも目を向けていた。それらが今日の野村證券を築く力になったといえる。

同業他社がほぼ横並びで護送船団のように進んでいた野村徳七さんの時代でさえ、停止は退歩を意味した。今日ではなおさらである。

人にまねされる商品をつくれ。まねもされない商品をつくっても仕方がない。

――シャープ創業者　早川徳次

多くの人に「売れない」「成り立たない」と反対された商品やサービスが、世の中に出て、大ヒットをすることがよくある。ヒットすると、それまで反対していた人たちまで、こぞって参入をはかるものである。

ものまねは、一概に悪いわけではない。競争があって初めて市場が拡大し、お客様の利便性が増していくという面がある。

ただ、そうした競争で、「まねをした企業」が「まねされた企業」を追い越していくケースは不思議に多くない。一見、まねをした企業のほうが「ラクしてトク取る」ことになって有利なようだが、そうではないのだ。

なぜか。まねされる企業には、オリジナルをつくった技術と自信、経験があるからだ。だから、まねされても、それ以上のものをつぎつぎつくって伸びていく。まねした企業は、短期間には儲けることができても「つぎの手」に欠けて、結局は脱落していくのである。

そういう機微をとらえて、シャープ創業者である早川徳次さんはこう言った。

「人にまねされる商品をつくれ。まねもされない商品をつくっても仕方がない」

早川さんは、社名の由来となったシャープペンシルのほか、国産初の真空管ラジオやテレビ、電子レンジ、電卓などつぎつぎと新製品の開発に成功する一方で、それらの技術を惜しみなく公開している。本来は秘密にしてライバルの参入を抑えたいところだが、早川さんは、だれもがまねしたいと思う商品こそ魅力があると考えた。まねされて、市場がライバル商品であふれることによって、技術はさらに発展するというスタンスだった。

だから、まねされることはむしろ誇りであり、「それ以上のもの」を生み出す努力をすればいいのだ。

いまに必ず女性がオートバイに乗る時代が来る。だからスカートをはいて乗れるオートバイをつくってください。

――本田技研工業元副社長　藤沢武夫

ホンダは、社長の本田宗一郎さんが技術開発とものづくりを担当し、副社長の藤沢武夫さんが経営や販売全般を担当するみごとな二人三脚だった。本田さんは会社印を藤沢さんに預けっ放しにしたというほど信頼していたし、藤沢さんも本田さんの才能にほれ込み、資金調達などわずらわしいことのすべてを一人で取り仕切った。

その藤沢さんは、本田さんに無理難題と思える要望を出すことがあった。

一九五八年に発売されて大ヒットしたホンダのスーパーカブは、二人が一緒にヨーロッパ旅行をした際の、藤沢さんのこんな一言がきっかけになっている。

「いまに必ず女性がオートバイに乗る時代が来る。だからスカートをはいて乗れるオートバイをつくってください」

先見の明のある言葉だが、賛同を得られなかった。当時の日本では、女性が乗るオートバイなど想像できなかった。やがて本田さんは根負けして確認した。

「女性がスカートで乗れるオートバイだね」

「それと、そば屋が片手で運転して出前にも使えるように」

「そんなものできるか」

「あなたならできる。いや、あなたしかできない」

そう強い口調で断じられると、期待に応えないわけにはいかない。やがて、当時では考えられないほど低いフレームで、スピードが上がると自動的にシフトアップして変速する高性能車スーパーカブが誕生した。

無理難題は、うまく使えば人や企業のやる気を持続的に高める。見込んだ相手には「できるわけがない」というほどの課題を与えることがあっていい。

新しいサービスを生み出すには、休むことなくつねに前進が必要である。

——ヤマト運輸元会長　小倉昌男

だれがやっても儲からないとかつては考えられていた宅配便事業を開発、成功させたヤマト運輸元会長の小倉昌男さんは、一九八一年に「ダントツ三か年計画」をスタートさせている。

当時、ヤマト運輸の成功を見て、一気に三十五もの会社が参入してきた。宅配事業はネットワーク事業であり、他社は簡単には成功しないとわかっていたが、気を抜かず、ダントツのサービス格差をつけようとしたのである。

宅急便の登場以前、荷物は郵便小包で送るのが一般的だったが、到着に四、五日かかることも珍しくなく、荷造りにも面倒なルールがあって、便利とはいいがたかった。それだけに、地域は限られるが翌日配達で、荷造りも簡単な宅急便は実に新鮮で、大きな支持を得た。

ところが、サービスは、あるレベルが達成されると、それが当たり前になってしまう。つぎつぎと進んだものを提供しなければならない。コンビニエンスストアの二十四時間営業からウェブサイトでの物品販売まで、少し前は新鮮だったサービスが、いまでは当然になってしまっている。もはやそれだけではセールスポイントとはいえず、差別化するにはプラスアルファが必要だ。

だから小倉さんは、一人勝ち状態にあぐらをかくことなく、「ダントツ計画」を掲げたのである。こうして、スキー宅急便やクール宅急便などが開発され、配達時間の指定やメール通知といったサービスが生まれた。それがいまも、ヤマト運輸を宅配事業のナンバーワン企業たらしめているといえる。

小倉さんは、こう言っている。

「よいサービスは、前に前にと逃げていく逃げ水のようなものである。つまり永遠の目標なのである。新しいサービスを生み出すには、休むことなくつねに前進が必要である」

あなたに許されている唯一のチャンスは、あなたが自分でつくり出すチャンスだけです。

――アメリカの啓蒙家　ジョセフ・マーフィー

目標は、できるだけ大きいほうがいい。現在の実力から見て、とてつもなく遠く、とても届きそうでなくてもいい。いつか実現することを願いながら、日々、努力を重ねることで、やがて必ずたどり着ける。

楽観的なようだが、そんなケースは現実に多いものだ。

たとえば本田宗一郎さんは、戦後まもないころ、日本の二輪車市場がまだ群雄割拠《ぐんゆうかっきょ》の時代に、「世界一を目ざす」と高らかに宣言している。

当時のホンダは静岡県・浜松の町工場にすぎず、これは無謀なホラともいえた。しかし、その後ホンダは、世界最高峰の二輪レースであるマン島ＴＴレースに挑戦し、本当に世界一になっている。それにとどまらず四輪車へ進出して、世界の自動車メーカーが競って開発した低公害エンジンCVCCでの燃費世界一を達成している。さらには世界最大の四輪レースF1さえ制覇した。

トヨタ自動車もそうだ。戦後の焼け野原で、豊田喜一郎さんが「三年でアメリカに追いつけ」と檄《げき》を飛ばし、「金も人も技術もない日本にできるわけがない」と冷笑されたものである。しかし、いまでは世界ナンバーワンのシェアを誇り（二〇一五年度）、「カイゼン」「トヨタウェイ」は世界の共通語になっている。

両社とも、目標が「年商〇億円」「国内シェアトップ」などだったら、ここまで伸びることができただろうか。

当時のトヨタやホンダは、GM（ゼネラルモーターズ）やフォードとは比較にならない豆粒のような存在でしかなかった。世界一どころか日本一も、いや、会社としてこの先やっていけるかどうかさえ危うい状態にあった。それでも「世界一」という目標を掲げ、そこに向かって努力を続ける。

その志、心意気、情念が、両社を強者にしたのである。

夢という言葉は嫌いです。「夢」はかなわないものですから。

——プロ野球選手　松坂大輔

第一次南極越冬隊長を務めた化学者の西堀栄三郎さんは、夢のまた夢だった南極に、「行きたい」と強烈に願い、後年それを実現した人だ。西堀さんも志や夢、目標といったものの大切さを説いてやまなかった。

確たる目標があると、それに関する情報に関心が向き、自然に情報が集まる。自然に努力もするから、知恵が蓄えられる。やがて周囲に同志や友人、支持者も集まるようになる。岐路にぶつかったときも、「安全な道」「儲かる道」などより、「夢に近づける道」を選ぶ。こうして心に念じたことは実現する。なにか神秘的な力が働いて、「願えばかなう」のではない。願うことで自分が知らず知らずのうちに動き、その動きが夢を現実化するのである。

だから、つねに、自分を駆り立ててやまないほどの大きな夢を抱くことが大事なのだ。中小の目標の先に究極の目標を設定できているかどうかが人生を決定する。

米国大リーグのボストン・レッドソックスへの入団が決まったとき、「夢がかないましたね」と質問された松坂大輔選手の答えがとても印象に残った。

「夢という言葉は嫌いです。『夢』はかなわないものですから。僕は大リーグを『目標』に、ずっとやってきました」

大記録を達成した人は、しばしば「これは通過点です」という言い方をするが、松坂選手にとっても、高校野球での活躍や日本のプロ野球入りは、「通過点」だったのだろう。もちろんそれらも目標ではあったのだ。けれど、さらにその先に大リーグという究極の目標があったから、それぞれの場所でものすごい努力をすることができた。優勝やタイトル獲得といったすばらしい成績にも慢心することなく、さらなる高みを目ざすことができたのである。

練習を積んで強くなり、勝つ。するとみなさんの期待は高まる。そしてさらに練習、勝つ。キリがないくらい、乗り越えるべき山は高くなる。

――全日本女子ソフトボール元監督　宇津木妙子

女子ソフトボールが注目を集めるようになったのは、シドニーオリンピック決勝で接戦の末にアメリカに破れたものの銀メダルを獲得してからだ。それ以前は、盛んではあっても、メジャーと呼べるスポーツではなかった。

ところが、メダルを獲得すると、状況は一変した。メディアへの露出は一気に増え、つぎのアテネオリンピックでは、メダルは取って当然という雰囲気になって、金メダルへの期待が高まった。

結果は銅メダルで、多くの人が残念がったものだ。本来はオリンピックに出場することは大変なことで、メダルまで取るのはものすごいことなのだ。それが、銅メダルでは「あーあ」なのだから、期待というものは恐ろしい。

勝てば勝つほど期待が高くなる状況は、喜ばしいことである反面、大いなるプレッシャーでもある。

ソフトボール元監督の宇津木妙子《うつぎたえこ》さんが実業団時代から掲げていたのは、「強くてだれからも愛されるチームづくり」である。

チームは応援してくれる周囲の人々の期待に応え、愛される存在でなければならない。そのためには練習をして、強くなって、勝つ。すると、周囲の期待はさらに高まる。それに応えるために、ますます練習に励み、強くなる。周囲の人に感謝し、期待に応えるには、つねにひたむきに練習し、強くならなければならない。それが宇津木さんの信念だ。

なにかを達成すればするほど、期待はキリがないくらい高くなって、山や壁のように感じられてくる。それを前にして「もういいよ」とシッポを巻くか、それとも休むことなく前進し続けるか。期待をエンジンに変えることが大切だ。

渡米前から自信があったのは、「アジャストメントの力」を信じてきたからだ。

――元大リーガー投手　長谷川滋利

高い目標を掲げ、成長を願っても、そこに至る力がなければ、単なる高望み、夢物語に終わってしまう。成長していくには「アジャストメントの力（＝適応力）」が欠かせない。

「渡米前から自信があったのは、『アジャストメントの力』を信じてきたからだ」とは、大リーガー投手だった長谷川滋利さんの言葉だ。

長谷川さんがオリックス・ブルーウェーブを退団し、大リーグ・エンゼルスへの挑戦を決めたとき、成功を信じた人はあまりいなかったのではないだろうか。年間十勝以上はあげるものの、だれもが打てない決め球を持っていたわけではない。にもかかわらず、九年間も大リーグの一線で活躍し、オールスターにも出場している。

その理由を彼は、「アジャストメントの力」と分析し、三つの段階に分けている。

①自分の欠点がわかる

たとえば大リーグでは、「自分には右打者への攻め口が不足している」と感じた。

②欠点を克服するための対策、処方箋を自分で作る

③自分で書いた処方箋を自分の力で実行する

長谷川さんはこうしたことを高校時代、大学時代、プロ野球時代それぞれに経験し、みずからを成長させてきた。だから、大リーグでの活躍に周囲が懐疑的でも、「自分にはできる」という自信を持って渡米できたという。

これは経営手法のベンチマーキングとよく似ている。

ベンチマーキングでは、すぐれたシステムやノウハウを持つ企業を分析することで、自社の欠点と課題を見つける。それを分析して対策を立て、克服、成長していく。トヨタの成長は、早くからベンチマーキングを続けてきたことにあるといわれている。

プロの世界では、能力があるのは当然のことだ。では、有能な人のすべてが成功するかというと、それはない。アジャストメントの力がないと、力が発揮できないままに限界を迎えることになる。発展には、変わり続けることが大切である。

直されたらまた新しい癖を見つけたらええんやから。

――元プロ野球選手　福本豊

かつてホンダは、日本初の試みである鈴鹿サーキットの開設にあたって、ヨーロッパ中のサーキットを見て歩き、技術の一つ一つを独自に開発した。それだけに、ホンダの役員の中には「このサーキットはホンダ車だけが走れるようにしよう」と考える者もいた。だが本田宗一郎さんは、「すべての自動車メーカーが走れるようにしよう」と命じている。

そして富士スピードウェイがノウハウ提供を求めてきたときも、快く応じている。

その一方で本田さんは、ホンダの社員に「これを上回るノウハウを開発しよう」とハッパをかけている。

みずからが生み出した商品やノウハウはとても貴重だが、そこにこだわりすぎると進歩がなくなる。「まねをしたい」「提供してほしい」というほどのものをつくりながら、決してそこにとどまらず、さらに上をいく。それこそが成長である。

元阪急ブレーブス（現オリックス・バファローズ）・福本豊《ゆたか》さんの、つぎの言葉も同じ精神であふれている。

「直されたらまた新しい癖を見つけたらええんやから」

福本さんは阪急の黄金時代を支えたトップバッターであり、通算盗塁数千六十五回は当時の世界記録であった。

盗塁は足が速いだけでは成功しない。福本さんのすごさは、投手の癖を盗む眼力にあった。普通の選手なら気づかないようなちょっとした投球の癖だ。

福本さんに癖を見抜かれ、いいように走られたのが、当時の西武ライオンズのエースだった東《ひがし》尾《お》修《おさむ》さんだ。ついにたまりかねて、福本さんに「降参宣言」をし、大胆にも「自分の癖を教えてくれ」と頼んだ。主力商品の中核特許をタダでやるようなこの依頼に、福本さんはどうしたか。あっさりと教えてしまったのだ。

当然、つぎのシーズンで、東尾さんはその癖を直してくる。だが、福本さんはその上を行った。東尾さんの新たな癖を見つけて、再び走りまくったのだ。これぞプロである。

前向きで喜ばしいできごとは、できるだけ他の人に任せるようにしています。

——トヨタ自動車名誉会長　張富士夫

「前向きで喜ばしいできごとは、できるだけ他の人に任せるようにしていますが、後ろ向きの不測の事態が起こった場合、僕のほうから率先して問題の解決に立ち向かうように努めています」

これはトヨタ自動車名誉会長の張富士夫さんの言葉だ。張さんは社長時代、毎年、「過去最高の決算」を更新し続けたが、そうした晴れやかな舞台にみずからは顔を出さず、担当役員に任せることが少なくなかった。トヨタグループの中には、「どうして社長が顔を出さないのか」という声もあったが、張さんはみずからのスタイルを崩すことはなかった。

そんな張さんが率先して会見の場に臨んだことがある。それはトヨタ自動車社員による、自動車整備士技能検定の試験問題漏洩《ろうえい》事件が発覚した直後で、張さんは早々に担当役員を率いて監督官庁に出向き、謝罪の会見を行なった。この素早い対応は、他社の役員・幹部に驚きをもって迎えられた。

この種の事件が発覚した場合、いきなりトップみずから謝罪するケースはほとんどない。総務や広報の担当者に任せ、社長自身はなかなか会見に出席しないばかりか、謝罪の言葉さえ簡単に口にしないことが少なくない。ところが、張さんは詳細がまだ十分に把握できていない段階で、みずから謝罪するという素早い対応を行なったのだった。

タマネギは泥のついたまま持って来い。

――リコー元社長　舘林三喜男

権力というのは往々にして腐敗する。なかでも一人の人間が長くトップの座に君臨し続けると、その人がかつてどれほど優秀であり、どれほどすぐれた業績を上げた人であっても、不祥事などによって権力の座から転落するばかりか、企業の存続さえ危うくすることがある。

その理由の一つとしてよくあげられるのが、悪い情報が上に伝わらなくなることだ。もちろん悪い情報がまったく伝わらないというわけではないだろうが、「いい情報」が誇大に伝わりがちであるのに対し、「悪い情報」はオブラートに包んだり、影響を小さく表現したりといった操作が加わることで、さしもの切れ者も判断を誤ることになる。

こうした情報の操作を危惧《きぐ》したリコー元社長の舘林三喜男さんは、「タマネギは泥のついたまま持って来い」としばしば口にしていた。

泥のついたタマネギというのは、生の情報をさす。重要な情報であればそのままトップに伝えればいいものを、部課長や役員があれこれ気を回して洗って泥を落としたり、一皮、二皮むいて持ってくるものだから、トップには本当のこと、真実の姿が見えなくなる。それでは判断を誤るため、「泥がついたまま持って来い」と言ったというが、なかなかうまい表現だと感心した。

トップが正しい判断を下すためには、いい情報、悪い情報にかかわらず、情報がいかに正確に素早く伝わるかが重要になる。もちろん部下が早く正確に情報を上げることも不可欠なのだが、いい情報はともかく、悪い情報というのは部下からというよりは、むしろ上に立つ人間が率先して取りに行くくらいの気持ちがないと、そう簡単に入ってくるものではない。

一つに止めるの器量なきは謹みおそれ匠長の座を去れ。

――宮大工棟梁　西岡常一

宮大工の西岡常一《つねかず》さんには、

「百工あれば百念あり。一つに統《す》ぶるが匠長が器量なり」

「木の癖組みは工人等の心組み」

などの口伝がある。

木というのは生える場所によって癖があり、それを見抜いて、癖を生かして組むことで、その建物が千年生きるか、もっと短いものになるかが決まってくる。

たとえば木には陽《ひ》おもてと陽《ひ》うらがある。切ったあとも木の性質は残るため、日光に慣れていない陽うらを南にして柱に据えると、乾燥しやすく風化が早くなるが、太陽に慣れている陽おもてを陽のさす方向に置くと、風化の速度を抑えることができる。生えていた場所や木の性質を考慮して木を使うことが、木の命を延ばすことにつながる。

まさに「適材適所」とはこのことだが、これは多くの職人を束ねる際にも決して忘れてはならないことだった。

棟梁は多くの職人と仕事をする。みずからノミやカンナを振るうのではなく、木の性質を読み、職人の性質に配慮しながら最善の仕事を進めていくのが、宮大工の棟梁の務めであり、それができるからこその棟梁だった。

「一つに止めるの器量なきは謹みおそれ匠長の座を去れ」

これも西岡家の「口伝」として伝わっているところを見ると、先人がどれほど職人の「心を組む」ことに心を砕き、大切にしたかがうかがえるというものだ。

人を集め、束ね、人の心を一つにするのは権限や権力だけではできないし、夢やロマンだけでも難しい。

人を束ねようと思うなら、まず自分自身が、「あの人と一緒なら」「あの人とぜひ一緒に」と信頼される存在になることが大切になる。

なにもせずに社長室に座っていると、悪い話は入ってこない。そうなると、経営判断が間違ったり、遅くなったりする。

――日本IBM元会長　椎名武雄

「なにもせずに社長室に座っていると、悪い話は入ってこない。そうなると、経営判断が間違ったり、遅くなったりする。経営者は現場を歩き、積極的に生の情報を集めなければならない」

これは日本IBM会長だった椎名武雄《しいなたけお》さんの言葉だが、トップみずから情報を取りに行き、ドアを開けていつでも社員を迎えるといったオープンな姿勢があって初めて正確な情報が迅速に集まるようになる。

戦国時代の武将、黒田長政《くろだながまさ》が「異見会」、別名「腹立てずの会」を月に二、三度ずつ催していたという話を知ったのは、松下幸之助さんの『素直な心になるために』からだった。

同書によると、参加者は家老をはじめ、思慮があって、相談相手によい者、主君のためを思う者など六、七人で、最初に長政からこんな申し渡しがあったという。

「今夜はなにごとを言おうとも決して意趣に残してはならない。他言もしてはならない。もちろん当座で腹を立てたりしてはならない。思っていることはなんでも遠慮なく言うように」

その後、参加者は長政の身の上の悪い点、道理に合わない点など、ふだんは口にしにくいことを言い合う。もしその途中で主君の長政が怒りを表わそうものなら、参加者が「これはどういうことでございますか」と言い、長政も「いやいや、心中に少しの怒りもない」と顔色をやわらげて、再び話を聞き始めることにしたという。

この会は非常に意義深いものであったらしく、長政は遺書の中に、「今後も異見会を毎月一度は催すようにせよ」と書き残したという。

手に入ったデータを全部使わないで、その一部分だけに基づいて判断を下す裁判官があるとしたら、われわれはどんな評価を下すだろうか。

――ヴェーグナー『大陸と海洋の起源』

松下幸之助さんがよく言っていた言葉に、「衆知を集める」がある。みんなの意見をよく聞いたうえで判断することの大切さを説いたものだが、衆知を集めようにも、トップに悪い情報が集まらないようでは正しい判断などできない。黒田長政のように都合の悪いことにも謙虚に耳を傾ける態度があれば、衆知はおのずと集まってくる、ということで、幸之助さんは前項の話を紹介したものと思われる。

部下にとって悪い情報を伝えるというのは、勇気のいることだ。

だからといって、悪い情報を隠し、自分でなんとかしようとするのは、事態をさらに悪化させるだけだ。

組織にとって大切なのは、部下が悪い情報を上司に伝えやすい体制をいかにつくりあげるかにある。

悪い情報が責任追及だけをもたらすものであれば、だれも悪い情報など伝えようとはしない。責任追及と原因追求は別と考える。

ある企業のトップは、悪い情報を持ってきた部下に「ありがとう」と言うことで、情報が素早く正確に集まる風土づくりに成功した。

悪い情報には組織を変えていくヒントがたくさん含まれている。悪い情報を集めて生かすためには、たくさんの仕掛けや仕組みが欠かせない。強い組織、健全な組織づくりのためには、これもまた必要なことといえる。

金はもうけなかったが、得意先をもうけた。

――出光興産創業者　出光佐三

お金の持つ威力は絶大なものがある。お金は、ないよりはあったほうがいいし、できればお金持ちになりたいと考えるのが自然な心情だろう。しかし、「お金持ちになること」「儲けること」が仕事の唯一の目標になってしまうのは問題だ。

出光興産創業者の出光《いでみつ》佐三《さぞう》さんは、一九一一年に出光商会を創業するが、三年後に第一次世界大戦が勃発《ぼっぱつ》、石油不足に陥ってしまう。だが出光さんは、石油を求めて四苦八苦する顧客に迷惑をかけることはなかった。こんな言葉を残している。

「商売気を離れて油の用意をした。油が切れて事業を休んだ会社がたくさん出たが、私のお客だけは油不足で仕事を休むことはなかった。ただお客のために油を用意しただけなのだが、戦争がすんだら、油は出光に任せておけということになった。金はもうけなかったが、得意先をもうけたのだ」

　お金は、いい仕事のもとにやってくるものなのだ。遅れてやってくることもあるが、必ずやってくる。あきらめないことである。

　また、お金は雪のようなもので、最初はきれいでも、放っておくと泥とぬかるみに変わってしまう。儲けたら上手に使う。使ってこそお金は生きるのである。

事業というものは、道に即してやれば自然に儲かるものであって、このほうが利益は無限である。

――リコー三愛グループ創業者　市村清

本田宗一郎さんは、決して裕福ではなかった父の儀平さんにこう言われた。

「金持ちになったとしても、金のきれいな儲け方ときれいな使い方、お金を生かす使い方というものを忘れるな」

この言葉を生涯忘れず、成功してからも、「金がほしければ信用を先にとるのが本当だ」を信条にした。こんなふうに話している。

「金があったって、信用がなければ、『あの野郎は嘘つきで、けち』と言われて尊敬は得られない。人間は、とかく信用を無視して金に目が行きがちだが、使ってしまえば金はなくなる。一方、信用は築くには長い時間と忍耐がいるけれど、信用があれば銀行は金を貸してくれるし、手形を切ることもできる。しかも信用はいったんできると雪だるま式に増えていく。だから金がほしければ信用を先にとるのが本当だ」

かつて、担保もなにもない新興企業ホンダが資金難に苦しんでいたころ、三菱銀行（現三菱東京ＵＦＪ銀行）の常務が言った有名な言葉がある。

「ホンダという会社には貸せないが、本田宗一郎と藤沢武夫にになら貸せる」

この融資のお陰でホンダは危機を脱することになるのだ。

「お金のために仕事をする」のは、ビジネスパーソンの本能であろう。だが、お金にとらわれすぎると信用や人望を失う。「自分はなんのために仕事をするのか」をしっかりと自覚しておくことが必要だ。

「儲けようとすれば、どんな仕事をしたって限界がある。ところが事業というものは、道に即してやれば自然に儲かるものであって、このほうが利益は無限である」

これは、リコー三愛グループ創業者・市村清さんの言葉だ。

お金は自分で知恵を出し、自分で行動し、汗をかいていただくもの。

――リコー元会長　浜田広

戦後の混乱期、コクヨ名誉会長の黒田暲之助《しょうのすけ》さんは、客が現金を積み上げて店の前に行列している光景を見た。シャウプ税制が敷かれて青色申告が制度化され、帳簿需要の急拡大という特需がきたのだ。ものすごい数の客が、「値段はいいから、とにかく品物をくれ」と熱狂した。

ところが社長だった黒田さんの父親は、札束を持つ人よりも昔からの得意先を優先し、値段も原価ぎりぎりで売ったという。周囲の目には「商売下手」「うまくやればいくらでも儲かるのに」と映ったはずだ。だが、父親は冷静だった。

「戦後の混乱などアブクのようなものだ。そんなもんに目がくらんではダメだ」

この信念が、コクヨの隆盛の基礎になったという。

戦後の混乱期やバブル景気、ＩＴバブルなど、浮かれたようにものが売れ、お金がいくらでも動くときがたまにやってくる。こうした時期にうまく立ち回った人もいるだろう。ただ、多くは、一時期はいい思いをしたものの、むしろそれゆえにダメになった。

熱狂の中にあって、なおかつ「お客様のこと」「将来のあり方」を考えるのは難しいが、それができるのが本当のビジネスパーソンであり、いい経営者だといえる。

投機や投資による利益が本業の何倍にもなり、そうしたことに関心を示さない企業のほうがおかしいと見られた時期でも、「信念の人」は少なくなかった。

「余剰資金の運用に着目し、評価する向きもあるが、こんな経済は長続きしない。しっかりとしたものづくりの基盤を確立するのが経営者に負託された課題である」

とは、トヨタの豊田英二さんの言葉である。

「お金は自分で知恵を出し、自分で行動し、汗をかいていただくものだから、（マネーゲームで）なにもせず儲かるというのは私の主義に合わない」

これは、リコー元会長である浜田広さんの信念だ。

熱狂の中でも冷静に判断し、先のことに対して常に備える。

――信越化学工業会長　金川千尋

商売である以上、ブームとか儲かるチャンスをみすみす逃す必要はない。ただ、ブームになんの考えもなしにやみくもに乗ると失敗する。

「熱狂の中でも冷静に判断し、先のことに対して常に備える」

これは信越化学工業会長の金川《かながわ》千尋《ちひろ》さんのやり方だ。

同社の商品は、ときに大変な品薄に陥り、客が「値段はいいから品物をくれ」となることがあるが、そうした熱狂は短いもので三ヵ月から半年だ。ときには一年以上続くこともあるが、必ず冷める。

そのため金川さんは熱狂に乗るのではなく、必ずやってくる寒冷期の布石を熱狂期に打つようにしている。たとえば理想的な形での契約更改などだ。そういう乗り方は、長期的な高収益につながる。反対に、設備投資や買収など拡大路線をひた走る乗り方は、人や企業を危うくするだろう。

企業には変えてはいけない部分と、時代に合わせて変えるべき部分がある。

——デンソー元社長　岡部弘

「私が決めたことや、やったことをいつまでも正しいと思ってはいけないよ。あの時代には正しかったかもしれないが、いつまでも通用するものではない。企業には変えてはいけないものもあるが、変えるべきは大胆に変えることを忘れないように」

これは、危機に瀕《ひん》した企業を再建して「中興の祖」と呼ばれた人物が、晩年、若い社員をつかまえてはしばしば言った言葉だ。

「世の中の変化に応ずることも大切だが、変化の中で不変のものもある」

とは、東武鉄道元会長の根津嘉一郎《ねづかいちろう》さんの言葉である。

「企業には変えてはいけない部分と、時代に合わせて変えるべき部分がある」

これは、デンソー元社長・岡部弘《ひろむ》さんの言葉だ。

「日に新た」は大切なことだが、一方で「なにを変えて、なにを変えないのか」「守るべきはなんなのか」を見きわめないと、大切なものを失いかねない。

人も企業も、過去の成功体験や、ライバルの動向にとらわれすぎると、守り磨き上げるべきものまで「変えなければ」と勘違いをしてしまう。成長・発展するには、変わり続けるとともに、大切なものは守るという頑固さも重要になる。

4章

仕事を好きになれ。好きになればどんな苦労もできる

俺はずっと汚れ仕事をやらされてきたけど、そんなこと気にしてねえよ。

——元バスケットボール選手　デニス・ロッドマン

一見華やかに見えるスポーツの世界でも、地味な仕事を積み重ねることで存在感の増す選手たちがいる。

たとえばＮＢＡ（アメリカプロバスケットボール・リーグ）黄金期のシカゴ・ブルズでマイケル・ジョーダンのような大スター・シューター

が活躍するには、シュートミスした球を拾って攻撃につなげるリバウンダーの存在が欠かせない。その代表が「悪童」とも呼ばれたデニス・ロッドマンだ。数々の奇行により問題も多かったが、彼がバスケットボール選手として成功できたのは、リバウンダーという地味な仕事に徹することで才能を開花させたからだといえる。

「俺はずっと汚れ仕事をやらされてきたけど、そんなこと気にしてねえよ」

なにごとも、いやいややるようでは進歩も成長も望めない。大切なのは、与えられた場所や仕事を好きになろうと努力を重ねることだ。そうすれば、きっと好きになれる。そういう人を人は高く評価し、つぎには大きなチャンスがもたらされる。

経営の九〇パーセントは、つまんないことを忍耐強くやることの積み重ね。

――ワイモバイル創業者　千本倖生

日本の携帯電話事業は、大市場のわりに許認可の関係で新規参入が少なく、ＮＴＴドコモ、ａｕなどが独占してきた特殊な環境だった。そこに、二〇〇七年に新登場したのがイー・モバイルだった。

発売元だったイー・アクセス（現・ワイモバイル）創業者・千本倖生《せんもとさちお》さんは、一九八四年に、電電公社（現ＮＴＴ）独占がもたらす高料金を、アメリカのように安くすることを目ざし、京セラの創業者・稲盛和夫さんと第二電電（現ＫＤＤＩ）を設立した経歴を持つ。その後、慶應義塾大学の教授を経て一九九九年にイー・アクセスを創業したきっかけは、ブロードバンド革命が叫ばれながらも、インターネット料金が高すぎる日本の状況を見て、ベンチャー魂に火がついたからだ。「こうやればできる、と見せたかった」という。

こうした経歴をたどると、独占と戦い続ける派手なベンチャー経営者のようだ。しかし、それだけの人ではもちろんない。経営についてこう語っていた。

「本業をまじめにやること、コストは徹底的に削ること、売上は一円でも多く。経営の九〇パーセントは、つまんないことを忍耐強くやることの積み重ね。それがないと、話題にはなっても成功はおぼつかない」

ベンチャー経営には、大胆にリスクを取ってアグレッシブに事業を推進するイメージがある。だが、必ずしもそうではない。大企業の経営者より周到な準備をして、慎重に慎重を重ねなければならないと千本さんは言う。リスクを取って大目標にトライするには、地味で慎重な準備が必要である。

人にも企業にも、仕事の基礎基本がある。それは地味なことの繰り返しなのだが、実際に人と企業を育てるのは、そうした基礎基本なのである。

イー・アクセスはワイモバイルに社名変更後、ソフトバンクに吸収合併されたが、携帯電話事業の世界で大きな役割を果たした。

道具を大切にする人は将棋も上達する。

——将棋永世名人　大山康晴

将棋の大山康晴さんは、アマチュアの将棋愛好家に将棋上達法を聞かれ、こう答えることがよくあったという。

「まず一枚一枚の駒《こま》を、将棋盤のマス目の中にキチンと置くようにしなさい」

「道具を大切にする人は将棋も上達する」

いずれも将棋の強さとは関係ないことのように思え、聞く人は戸惑うことが多かったというが、これには確固たる理由があった。

対局中、弱い人の駒は乱れて置かれることが多い。それに対し、強い人の駒は乱れない。それだけ気持ちが駒に集中しているのである。逆にいえば、駒をマス目の中にキチンと置くことを心がければ、気持ちは自然と集中するというわけだ。

トヨタ生産方式の基礎を築いたトヨタ自動車元副社長・大野耐一さんは、

「機械は壊れるよりも壊すことのほうが多い」

と言って、整理と整頓、清掃、保全や修理に励むことの大切さを説いていた。整理と整頓が行き届いていれば、必要なものをいつでも取り出すことができてムダがない。機械がつねに万全であれば、故障の不安なくものづくりに集中できる。本当に強いものづくりは、こうした目に見えない基本の充実から生まれてくるのである。

大山さんの「道具を大切にしなさい」は、あらゆる分野に通じる名言だと思う。

すべては、待っている間にがんばった人のもの。

——発明王　トーマス・エジソン

道具を大切にすることで人後に落ちないのが、大リーグで活躍中のイチロー選手だ。シアトル・マリナーズ時代は、毎年恒例のスクール訪問で、子供たちに「お母さんやお父さんに買ってもらった道具を大切に」と説いた。

五十六試合連続安打というすごい記録を持つ名選手ジョー・ディマジオ（元ニューヨーク・ヤンキース）も、道具を大切にする人だった。こんな言葉を残している。

「野球場は私にとって神聖な場所だ。バットも神聖である」

ディマジオは、必ずスーツとネクタイで球場入りする「球界の紳士」であり、サインを頼まれても、バットにはまず書かなかったというほど道具を大切にしていた。

全日本女子ソフトボール監督だった宇津木妙子さんにも逸話がある。現役時代はバットもグラブも自分で手入れし、毎日、枕元に置いて寝たという。ある夜、寮が火事になったとき、他の選手がお金や貴重品を手にして逃げたのに対し、宇津木さんだけはバットとグラブを抱えて逃げたという。

名人と呼ばれる人の道具を見れば、手入れがよく、独自の工夫がこらしてあるものだ。みずから考え出した道具も多い。「いいものをつくるにはどうすればいいか」を考え抜いた証拠である。人が手を休めている間、名人は道具を磨くのだ。

努力の成果なんて目には見えない。でも、紙一重の薄さも重なれば本の厚さになる。

――元マラソン選手　君原健二

右のような言葉を残した君原《きみはら》健二さんは、東京、メキシコ、ミュンヘンという三つの五輪マラソンに連続出場し、メキシコではみごとに銀メダルを獲得している。だが、入社直後の八幡製鐵所《やはたせいてつしょ》（現新日鐵住金）では、群を抜いた存在ではなかった。それどころか強力な先輩たちとの練習で、最初は設定タイムも達成できないレベルだった。

なんとか追いつこうと、君原さんはトラックの集団走では、一番大回りになるアウトコースを走るようにした。アウトコースは、トラックを一周するとインコースに比べて約六メートル長く走ることになる。それを一日百周走れば、実に六百メートルよけいに走ったことになる。それを先輩と同じタイムで走れるようになれば、六百メートルをリードしたことになるというわけだ。

そんな練習をずっと続けたという。一日にすればほんのわずかな努力かもしれない。しかし、毎日続けることで確実に力をつけ、やがて日本を代表するマラソンランナーへと成長することができた。

ちなみに君原さんが最も誇りに思っているのは、オリンピックの銀メダルではなく、五十回以上出場したマラソン大会で途中棄権がただの一度もないことだという。そうした粘り強さも、日々の積み重ねの賜物《たまもの》といえよう。

形を持つ人が形を破るのが型破り。形がないのに破れば形なし。

――教育者　無着成恭

歌舞伎の十八代目中村勘三郎さんは若いころ、唐十郎《からじゅうろう》さんがやっている巨大テント劇場「下町唐座」にあこがれた。だが、父親の十七代目勘三郎さんにそう話すと、「そんなことを考えている間に百回稽古しろ」と一喝《いっかつ》されてしまった。十七代目は保守的だったのではない。むしろ新しいことへの挑戦が好きな人だった。にもかかわらず息子の勘三郎さんになぜそう言ったのか。

「形を持つ人が形を破るのが型破り。形がないのに破れば形なし」と、「子ども電話相談室」の回答者であった無着成恭《むちゃくせいきょう》氏の言葉にあるように、若いころは古典をしっかり学ぶことが大切で、未熟なうちに新しいことをやっては形なしになる、というのが十七代目の教えだった。

十八代目勘三郎さんはのちにテントでの芝居を始めているが、そうした挑戦をお客様が歓迎してくれるのは、古典でしっかりした形をつくってきたからこそだという。

国民栄誉賞の受賞者で広島東洋カープ選手だった衣笠祥雄《きぬがささちお》さんは、野球でよく言われる「二年目のジンクス」の原因の一つは、段階を踏まずに高度なレベルをほしがって苦しむことだという。

最初の年に活躍した選手ほど、いっそうの期待に応えようと、二年目に向けて自分を見失うほどの過酷なトレーニングをしがちだ。技術においても段階を踏まずに理想的な高レベルにジャンプしようとし、ギャップに苦しむことになる。それが二年目のジンクスだというのである。衣笠さん自身も二年目は気持ちが空回りして、打率で三分近く、本塁打も前年より六本減ったという苦い経験をした。

プロの世界で一年目に好成績を残したのは実力があるからだ。それだけの実力があっても、基礎基本を無視し、一足飛びをねらうとつまずく。伸びたいときも、失敗をリカバリーするときも、あせらずあわてず、一歩また一歩と階段を上がることだ。

「基本をないがしろにして成功はありえない」

これが、衣笠さんの体験から得たアドバイスだ。

与えられた仕事を好きになれ。好きになればどんな苦労もできる。

――京セラ創業者　稲盛和夫

意に沿わない仕事を任されたとき、やる気をなくしていいかげんな仕事をするか、それとも天職であるかのように全力で取り組むか。後者はなかなか困難だ。しかし栄光が後者に隠れていることもたしかだ。

京セラは、ヤシカを合併したとき、ヤシカ再建の足手まといといわれていた子会社・富岡光学も引き受けている。富岡光学は万年赤字のうえに組合運動も盛んで、経営陣は毎日のようにつるし上げを食らっていた。最初に稲盛和夫さんが送り込んだ部下は、あまりの抵抗の強さに匙《さじ》を投げてしまう。困った稲盛さんは、信頼するAさんを送り込んだ。

Aさんは、望んだ仕事ではなかったが、これを与えられた試練と受け止め、全力で取り組んだ。組合と激しい意見を戦わせる一方で「会社再建に向けて手を取り合おう」と説得を続けた。そして派遣から二年後には、みごと黒字へと転換させている。Aさんは、厳しくつらい再建を任されながら、「経営の仕事は楽しい」と談笑するまでに成長した。それを見て、稲盛さんは、与えられた仕事を好きになることの大切さを感じたという。

「人生をきわめるには絶対好きな仕事をするべきだ。しかし、好きな仕事はなかなか選ぶことができません。できないなら与えられた仕事を好きになれ。好きになればどんな苦労もできる。できるから上達する。上達するからほめられる。ほめられるから自信がつき、またやる。こうしていいサイクルで回っていく」

稲盛さん自身、順風満帆の人生ではない。志望大学の受験に失敗して、地元の鹿児島大学に進んだ。最初に就職した京都の松風工業は、経営が思わしくなく給料の遅配もしばしばだった。独立して手がけたセラミックスでさえ、大学で学んだ分野ではなかった。だが、稲盛さんは、与えられた場所、与えられた仕事をそのつど好きになろうと努め、全力で取り組むことで今日の成功をおさめている。

先を見通して点をつなぐことはできない。振り返ってつなぐことしかできない。だから「将来なんらかの形でつながる」と信じなければならない。

——アップル創業者　スティーブ・ジョブズ

「こんなことをやるために会社や学校に入ったわけじゃないんだ」と疑問を感じたり、憂《ゆう》鬱《うつ》になったりすることは少なくない。やめたくなる瞬間も何度か訪れる。

ところが、年月がたってから、ふとそのころの会社や学校でのバカげた経験が、意味を持つ瞬間が訪れる。そんなことがあるから、人生とは不思議なものだと思う。

アップルコンピュータ（現アップル）創業者のスティーブ・ジョブズは、過去の失敗を決して反省しないわがままぶりでも有名だった。だが彼は、波乱万丈の体験をムダにすることなく、すべて意義あるものに変えてしまう名人でもある。

ジョブズは、二〇〇五年にスタンフォード大学で行なった有名なスピーチで、「点をつなぐこと」という興味深い話をしている。

それが冒頭の言葉だ。

たとえばジョブズは、大学を中退後、しばらく大学の寮に居残って気に入った授業だけを受講していた。その中に「文字芸術」に関する授業があり、書体や文字の組み合わせ一つで、どれほど美しく芸術的な印刷物ができあがるかを学んだ。この時点では文字芸術は興味の対象ではあっても、人生で役立つものとは思えなかった。

ところが、アップルで最初のパーソナル・コンピュータを設計するころ、ふと当時の記憶がよみがえり、美しい印刷技術を組み込むことにした。

それは世界初の試みであった。もしジョブズがこの試みをしなければ、その後もコンピュータは、複数の書体での美しい表現を持たなかったのではないかといわれている。

ジョブズは、「いつか役立たせよう」と授業を受けたわけではない。しかし十年後に、だれが考えてもＩＴ分野には役立ちそうになかった授業は、実に有意義なものになった。

若いうちはムダが栄養です。

――元大リーガー投手　野茂英雄

野茂《のも》英雄さんは、近鉄バファローズ（現オリックス・バファローズ）で活躍したあと、大リーグのドジャースやレッドソックスで二度の奪三振王、二度のノーヒットノーランを達成するなどの大きな成功をおさめている。頭角を現わしたのは社会人野球の新日鐵堺《さかい》に入ってからで、全日本のエースとして、ソウル・オリンピックで銀メダルを獲得するなど活躍した。ドラフトでは複数球団のくじ引きの結果、仰木彬監督率いる近鉄に入団している。

だが、その野茂さんも、高校時代は甲子園出場経験もなく、目立たない存在だった。「野球をやめたい」と思いながら、監督が怖くて退部届けを出せないまま過ごした三年間だったという。

いやなこと、苦手なことを我慢して続けるのは、本来は精神衛生上もよくないし、人生にとって得るものの少ない時間となりがちだ。しかし野茂さんは、「若いうちはムダが栄養です」と言い、「やめたい」野球から逃げずに続けたことが、挫折を乗り越える強さになったと考えている。

「いやなことを我慢して続けるほどムダなことはない。さっさとやめて好きなことに熱中しろ」という考え方も悪くはない。だが、いやなこと、ムダに思えることを「人生はいつかどこかでつながっていく」と思い、栄養としていくのも賢明な生き方だ。

ジョブズが言うように「将来なんらかの形でつながる」と信じることで、いまを懸命に生きることができれば、それはとてもすばらしいことだ。

目の色を変え、汗だくで奮闘する若者には、目をかけてくれる人が必ずいる。

——帝国ホテル元総料理長　村上信夫

オテル・ドゥ・ミクニのオーナーシェフである三國清三《みくにきよみ》さんは、十五歳で料理人を志し、地元の札幌グランドホテルを経て、帝国ホテルのパートタイマーとして採用され、その後、二十歳の若さで駐スイス日本大使館の料理長に就任している。しかし、就任前の三國さんは、帝国ホテルでは鍋や皿を洗う見習いにすぎず、料理をつくったことさえなかった。

にもかかわらず、総料理長だった村上信夫さんは、三國さんを推薦し、「若すぎるのでは」と不安を感じている大使夫妻に、「ご心配にはおよびません。私が全責任を持ちます」とさえ断言して送り出した。

村上さんは若い三國さんの料理を口にしたことはなかったが、全部の鍋がピカピカになるまで必死になって洗い続ける三國さんの姿、雑用のやり方に垣間見えるセンスのよさ、ときどき手伝っていた塩の振り方を見て、腕の確かさを感じ取っていた。だからこそ調理場の「二十年早い」という反発も気にせず、「三國君、君はスイスに行きなさい」と言って送り出したのだ。

竹は温暖なところでは節《ふし》と節の間がのんびり伸びてしまうので、強風にあうと折れやすい。

――本田技研工業元副社長　藤沢武夫

帝国ホテルの総料理長を務めた村上信夫さんは有楽町のリッツを経て、帝国ホテルの調理場に十八歳で移っている。リッツではすでに焼きものなどを担当していたが、帝国ホテルでは洗い場からのスタートとなった。

洗い場から調理場へ行くためには腕を上げるしかないが、皿洗いのときに残ったソースをなめることさえできず、料理を見ることも許されなかった。それでも村上さんは腐ることなく休憩時間を使って、ふだんは時間を惜しんであまり磨かない「あか鍋」と呼ばれる重い銅鍋二百個あまりをブラシで一生懸命に磨き上げた。二ヵ月を要したが、徐々にきれいな鍋が増えていくにつれ、調理場から洗い場に回ってくる鍋の底に、ほんの少しソースが残るようになった。なかには「お前は料理人の心がわかっている」とボソッとほめてくれる親方もいた。

村上さんはそうしたソースをなめて味を覚えることに努めた。また、ときには調理場から「鍋屋（村上さんのこと）、手伝え」と声がかかり、雑用をこなしながらでも「見て覚える」ことを許されるようになった。

目の色を変え、汗だくで奮闘する若者には、目をかけてくれる人が必ずいる。これは村上さんが三國さんに対して行なっただけでなく、村上さん自身が修業時代を通して何度も経験したことであった。

人は仕事がうまくいかないとき、失敗をしたときなど、つい投げやりになり、「どうせ俺なんか」と捨てばちになることがある。そう思い努力を怠った瞬間に、人はダメになる。

どんなつらいときでも、一生懸命ひたむきに努力を重ねる。その姿を上司や同僚、後輩、あるいは神とでも呼べるものが見ていて、ときに幸運をもたらしてくれる。

意見を通そうと思うなら、まず聞いてやるのが順序だ。

——東京電力元会長　青木均一

卓越した営業力で業績上昇中のある専門商社の社長は、新人の営業マンに、最初にこう教える。

「お客様の話をしっかり聞いてきなさい」

商品をすすめ、専門知識を披露し、営業トークで相手を乗せることも大切なのだが、もっと大切なのは、お客様の要望をしっかりと聞くことだ。それにどうすれば応《こた》えられるかを真剣に考えることで、数字はおのずとついてくるという。

まして新人であれば、知識も経験もお客様のほうがまさっていることが多い。お客様に付け焼き刃の知識やトークを披露したところで、納得は得られない。それよりも、話を一言ももらさずに聞くほどの姿勢で臨む。帰社したら正確に伝え、お客様の要望にすぐ対応する。それを繰り返すことで信頼関係が生まれ、やがて知識も身につき、しっかりとした営業ができるようになるというのが、その社長が経験を通して得た哲学だ。

東京電力元会長・青木均一《きんいち》さんは、若いころ、日本陶管の工場長を経験している。そのころ、いつも心がけていたのが、朝早くから工場に行き、職長たちと親しみ、晩は職長たちを呼んで茶菓子を出し、話を聞くことだったという。工場長は職長たちにあれこれ命令をする立場だ。「聞く」よりは、「話をする」「指示をする」が先に立つ。ところが青木さんは、場をつくってひたすら話に耳を傾けた。これがかえって人望を高めたという。

たしかに生産現場の改善や、工場の再建を成功させた人を見ると、共通するのは話を聞く姿勢だ。ほとんどの人が地位や権力に関係なく現場にこまめに足を運び、耳を傾けている。現場を重んじる気持ち、働いている人を大切にする気持ちが、「聞く」という形で出ているのであろう。

基本を徹底し、それを永久的に継続することが、店の体力増強につながります。

――セブン＆アイ・ホールディングス元会長　鈴木敏文

「基本を徹底し、それを永久的に継続することが、店の体力増強につながります」

これはセブン＆アイ・ホールディングスの元会長鈴木敏文《としふみ》さんの言葉だ。

たとえば「品ぞろえ」「鮮度管理」「フレンドリーサービス」と並ぶ商売の基本である「クリンリネス」（清潔）ができていない店が、お客様に来てもらえるはずがない。小売業者なら、みんなそうわかっている。それにもかかわらず、クリンリネスは案外と徹底できていないという。なぜか。二つの原因がからみ合っているからだ。

まず、クリンリネスは、数週間、あるいは数ヵ月間ですぐ売上アップにつながるものではないからだ。売上を上げるだけなら、ほかの派手なセールス技術がいくらでもある。つぎに、クリンリネスの手を抜いて、店がちょっと汚くなったからといって、急に売上が落ちることもないからだ。ツケはゆっくり回ってくるのである。

ここにクリンリネスの怖さがある。

そしてこれは、クリンリネスだけではなく、仕事の基礎基本に共通する。だれもがとかく徹底を怠りがちなのだ。そんな怠惰《たいだ》を排し、気持ちを鼓舞《こぶ》して基礎基本を長期にわたって積み重ねて初めて、売上の増加などの結果がついてくる。

小売業は派手な業界ではなく、地味、地道なことをこれでもかと徹底していくことでお客様の信頼を得、他店との差別化をしていく業界だというのが鈴木さんの考えだ。

人にも企業にも、同様の基礎基本がある。ある人がこう言っていた。

「基礎工事の大切さは、ふだんはわからない。だが、なにか問題が起きたときに基礎工事がしっかりしていない建物はもろく壊れてしまう」

いつでもそれを迎え入れられる体制が整えられていての、運であり、ツキである。

――トヨタ自動車元社長　石田退三

人にも企業にも、運不運というものがたしかに存在する。だが、運を自在にあやつれるかというと、それは不確実だ。確実なのは、運をつかめるかどうかは、努力や準備にかかっているということではないか。

トヨタ自動車（当時はトヨタ自動車工業）が、一九五〇年に倒産の瀬戸際まで追いつめられたとき、請われて社長に就任したのが石田退三《たいぞう》さんである。今日のトヨタの基礎を築き、「中興の祖」と呼ばれ、のちに会長にもなる石田さんだが、社長就任が決まったときは、「わざわざ倒産秒読みのトヨタに行かなくても」と同情された。

ところが、ほどなく、「石田ほどついている男はいない」「石田さんは福の神」と言われるようになった。

なぜか。就任後まもなく、朝鮮特需によってアメリカ軍から大量のトラック注文を受けたからだ。そのお陰で一気に会社を再建することができたのである。これほど運がいい話はない。しかし、運だけではなかった。

トラックは、偶然トヨタに大量発注されたわけではない。第一次の注文は、トヨタ自動車販売の関係者が、「この商談だけはものにする」と連日、在日米軍の調達本部を訪問し、ライバルの日産やいすゞを蹴落《けお》として獲得した。また、以後の注文は石田さんみずから神田の木賃宿《きちんやど》に泊まり込んで、米軍の調達本部とかけ合った。しかもトヨタは戦前から軍用トラックに実績があり、大量の台数を納期に間に合わせる生産設備もあった。

つまり、当時のトヨタは瀕死《ひんし》の状態ではあったが、人と設備と技術を絶やすことなく保っており、なおかつ必死の営業活動を展開したからこそ、朝鮮特需の恩恵にあずかれたのだ。

だから、石田さんは世間の「運がいい」という言葉に、いつもこう応じていた。

「運というのも、ツキというのも、単なる偶然ではない。実際には、いつでもそれを迎え入れられる体制が整えられていての、運であり、ツキである」

すべての人のところにニュートリノは降り注ぎ、だれもがとらえるチャンスがあった。違いはどこにあったか。観測できるようにしていたかどうかだ。

――ノーベル物理学賞受賞者　小柴昌俊

ニュートリノの研究でノーベル物理学賞を受賞した小柴昌俊さんも、「運がよかったですね」と言われることがよくあった。

というのも、小柴さんがニュートリノの観測に成功した一九八七年二月の一ヵ月後は大学退官日だったからだ。しかも改良工事をしていた観測装置カミオカンデが運転を再開したのは、同年の一月である。両方とも退官ぎりぎりのタイミングだった。あと何ヵ月か遅かったなら、小柴さんのノーベル賞受賞はなかったかもしれない、というわけだ。

「運がよかったですね」と言われて、小柴さんはこう答えている。

「地球上のすべての人のところにニュートリノは降り注ぎ、だれもがとらえるチャンスがあった。違いはどこにあったか。観測できるようにしていたかどうかだ」

たしかに小柴さんは運もよかった。しかし、カミオカンデ実現のために小柴さんが費した十年近い時間と、装置をつくってくれる企業を口説き落として協力をとりつける困難さを考えれば、「運」だけではないことがわかる。

「チャンスは備えあるところに訪れる」

これは、細菌学者ルイ・パストゥールがよく口にした言葉として、さまざまな科学者が引用している。パストゥールにしても、小柴さんにしても、「よく準備された心」があって初めて、チャンスが訪れ、大きな発見をすることができたのだろう。「チャンスが来ない」と不運を嘆く前に、はたして自分にはどれだけの準備ができているのかをしっかり見きわめることが大切になる。

会話とは「話し合い」ではなく「聞き合い」であり、聞くことをしないと説得力を持たない。

——リコー元会長　浜田広

「販売のリコー」と呼ばれる営業部隊を率いてきた浜田広さんの持論は、「聞くことをしないと説得力を持たない」だ。

浜田さんによると、いかにお客様にものを言ってもらうかでセールスの成功率は変わってくるという。セールスマンがどれほど熱心にしゃべろうとも、お客様は決してお金を払ってくれない。本当に関心があれば、お客様はみずから質問する。質問しないお客様は、セールスマンを迷惑がっている。セールスで重要なのは、お客様の質問を引き出すことなのだ。

この「聞く」ということに関し、松下電器産業（現パナソニック）創業者の松下幸之助さんほど相手を感激させた経営者はいないのではないだろうか。

若い経営者が、松下さんがあまりに真剣に話を聞いてくれるので、「あの大経営者が私のような若造の話をこれほど真剣に聞いてくれるとは」と感激したというような話は、枚挙にいとまがない。それほど聞くことの達人であった。

そんな人には自然とたくさんの人が集い、知恵が集まってくる。松下さんは、日ごろから自由にものを言いやすい空気をつくっておく名人でもあった。

ところで「聞く」ときに忘れてはならないことがある。聞くのは、相手の言いなりになることでも、「ご無理ごもっとも」と応じることでもない点だ。

「重役の七割が賛成するプランはすでに遅く、七割が反対するプランくらいでやっと先手がとれる」

と松下さんは言っている。

聞くのは、自分の考え、主体性を持ったうえで、耳を傾けるというスタンスだ。聞いたうえで、自分の頭でよく考え、自分の責任で行動をする。「聞く」はそのためのものだ。行動を伴わないただの「話し相手」「聞き役」には、だれも真剣に話そうとは考えない。

ニュートンを尊ぶからこそ、なにがなんでも彼は正しいと信じるわけにはいかない。

——イギリスの科学者　トマス・ヤング

尊敬と絶対視は別ものである。右の言葉を残したトマス・ヤングは、一八〇一年に「光の本性は波である」という学説を発表しているが、それは当時の絶対的な権威者ニュートンの理論と対立するものであり、支持を得ることはなかった。ヤングはそういう風潮に抗したが、結局は、光以外の分野であるエジプト文字の研究などに関心を移していった。よほどニュートンという壁は厚かったのだろう。

実験生理学で多大な貢献をしたクロード・ベルナールがこんな発言をしている。

「大科学者とは、新しい思想をもたらし、誤りを破壊した人である。彼らは先輩の権威を尊重しなかった。彼らもまた、われわれが彼らに対して、ほかの取り扱いをすることなど期待していないだろう」

成功者の言ならなんでもかんでも金科玉条のようにあがめるのはおかしい。

——任天堂元社長　山内溥

偉大な成功者や権威者は、尊敬すべきではあるが、同時に、その人の威光が自分の成功を保証するものではないことを頭に入れておきたい。

ある企業の経営者Bさんが役員になったばかりのころ、納得がいかなかったのが、取締役会が議論の場ではなく、相談役たちへの説明の場になっていた点だった。

相談役には中興の祖と呼ばれる大功労者などもいて、若い経営陣にとっては雲の上の存在だった。相談役から見ると、現社長などは「ひよっこ」同然である。新方針を打ち出すにしても、相談役の顔色やご機嫌をうかがいながらでないと思うように進められない。相談役がバンと机を叩いて怒ると、みんなが恐れおののく。

Bさんは「これではまともな議論などできない」と感じ、社長になると同時に相談役や顧問のあり方に大鉈《おおなた》を振るったという。

「世間はよく成功者を手放しで尊敬してしまうが、成功者の言ならなんでもかんでも金科玉条のようにあがめるのはおかしい」

というのは、任天堂元社長・山内溥《やまうちひろし》さんの言葉だ。

成功者、権威者を見る側に相応の責任がある。成功者の言うことだからすべて正しいと、よりかかる姿勢ではいけない。ほかにもビジネスの世界にはたくさんの成功体験、前例、慣習などがある。それらを無条件に正しいことと信じると、前進の障害となることが多い。

ビジネスの革命は前例を疑い、慣習を壊すことで生まれる。どんなときでも「すべてが正しい」ではなく、つねに自分の頭で考え、しっかりと取捨選択することが欠かせない。

絶対視は、やめにする。尊重すべきものは尊重し、守るべきものは守るが、同時に変えていくべきもの、否定すべきものもそこにはたくさんあるはずだ。

5章

いま、自分ができることに全力を尽くせ

成功とは九九パーセントの失敗に支えられた一パーセントである。

――本田技研工業創業者　本田宗一郎

本田宗一郎さんは「失敗を恐れてなにもしない人間は最低だ」と語り、挑戦することの大切さを説いてやまなかった。

「成功とは九九パーセントの失敗に支えられた一パーセントである」と言い、失敗は成功への糧《かて》となることを強調した。この言葉を聞いた人間のどれほど多くが、失意を励まされたことだろうか。

ではは本田さんがあらゆる失敗に寛容であったかというと、それは違う。

「ミスを犯した者に対しては、どんな言いわけがあろうと腹が立った。許される失敗は、進歩向上を目ざすモーションが生んだものだけに限る」

不注意や準備不足によるミスには本気でどなり、口より先に手が出ることさえあった。どなったあとで、「自己嫌悪に陥った」というのが本田さんらしいが、許せる失敗と許されざる失敗の二つに分けていたのはたしかだ。

「猿も木から落ちる」たぐいの慢心や油断、不注意による失敗は許さない。猿が新しい木登り技術を学ぼうとして落ちたのなら、それは尊いことであり、許される。すなわち、挑戦の結果としての失敗は、どしどしやればいいというわけだ。

失敗を恐れて挑戦をしないのはバカげた話である。挑戦→失敗→原因究明→新しい工夫というサイクルで、つぎの試みへと意欲を燃やす。これを本田さんは、「若い時代の失敗は将来の収穫を約束する種だ」と言っていた。

こうした失敗の積み重ねがあって初めて、大きな成功を手にすることができるというのが本田さんの考えだ。

「すべての失敗が成功の母」ではない。「挑戦の結果の失敗が成功の母」なのである。

資金もない。場所もない。ノウハウもない。徒手空拳だったから知恵が出せたのだと思う。

——モスフードサービス創業者　櫻田慧

たとえば事業を始めるとき、ありあまる資金と人脈があるとする。なにもない状態でスタートする人に比べて、はるかに有利な位置だ。ではそうした人が確実に成功するかというと、案外そうでもないことが多い。反対に資金も人脈も、商売のノウハウさえ十分でない人が、多少時間はかかったとしても、大きな成功をおさめることがあるから不思議なのだ。イトーヨーカ堂創業者・伊藤雅俊《まさとし》さんが、こんなことを言っている。

東京で「羊華《ようか》堂洋品店」という小さな洋品店を営んでいた伊藤さんの家族は、戦争ですべてを失い、一九四五年に北千住の中華そば屋の軒先から商売を再出発させた。

お金も、土地も、信用すらない。伊藤さんの母親の口癖は「お客さんは来ないもの」「取引をしたくてもお取引先は簡単に応じてくれないもの」「銀行は貸していただけないもの」「商売はないないづくしから出発するものだよ」だったというから、苦労は並たいていではなかった。しかし、こういう状態だったからこそ、「ある」ことの尊さがありがたく感じられ、お客様との関係などを力強く築けたという。

モスフードサービス創業者・櫻田慧《さとし》さんもその典型かもしれない。ファストフード店を始めたものの、日本マクドナルドのような資金やノウハウを持っていたわけではない。立地第一の業界にあって、駅から少し離れた場所にしか出店できなかった。そのため注文を受けてからつくったり、ライスバーガーのような独自の商品を開発するしかなかった。だが、そうしたやり方が逆にお客の心をつかみ、創業からわずか十六年で上場するほどの成功をおさめた。

ないないづくしだからこそ人は知恵を出す。「ない」からこそ知恵で勝負し、「ない」からこそ「ある」ことのありがたさを知る。「ない」のは、実はとてもありがたいことなのかもしれない。

「ムリ」と思ったら、記録はそこで止まってしまいます。こと記録に関しては、素人でありたいと思っています。

――元スピードスケート選手　清水宏保

長野オリンピックのスピードスケート五百メートル金メダリスト・清水宏保《ひろやす》さんが、三十四秒台の世界新記録をつくったとき、こう話していた。

「つねにスケートの素人でありたいと思っています。かつて『三十四秒台の記録はムリだ』と言われていましたが、達成することができました。いまは同じように『三十三秒台はムリだ』とスケートを知る人はみんな言っています。しかし、『ムリ』と思ったら、記録はそこで止まってしまいます。こと記録に関しては、素人でありたいと思っています」

スポーツの世界には、「十秒の壁」「八メートルの壁」「二時間十分の壁」など、越えるのはだれもが不可能と考えていた壁がある。事実、たくさんのアスリートが挑戦しては跳ね返されたのだ。

ところが、ある日だれかがその壁を越える。すると、それからは何人もの人がまるで壁などなかったかのように越えていくことがある。

おそらく「壁」というのはそういうものなのだろう。意識しているとなかなか越えられないが、いったんだれかが越えてしまい、意識からなくなると、なんの障害でもなくなってしまう。

壁をつくるのは人間の気持ちなのだ。とくに、目の前にある壁のほとんどは、「できるはずがない」という思い込みにすぎない。

ときには、いい意味の素人になって、「とりあえずやってみるか」と挑戦することが必要だ。もしかしたらその壁は、とても簡単に越えられるものかもしれない。

失敗と上手につき合っていくためには、「どうにもならないこと」ではなく、「いま、自分にできること」に集中するしかありません。

――元大リーガー　松井秀喜

ニューヨーク・ヤンキースの主軸として活躍した松井秀喜《ひでき》さんがよく口にしたのが、「自分にコントロールできることとできないことをしっかり分けて考える」ということだ。

たとえばチームが優勝争いをしているとき、直接対決でない限りはライバルチームの勝敗をコントロールすることはできない。だったらそのチームの勝敗に一喜一憂するよりも、自分たちができることに全力を注ぐというのが松井さんの考え方だ。

自分一人では、どうにもならないことはさまざまある。個人タイトル争い、新聞記者が書く自分に関する記事、またケガであったり、過去の自分であったりする。

松井さんはそうしたことに思い悩むのではなく、自分にコントロールできることはなにかを考え、「いま、自分にできること」に全力で取り組むことで、今日の栄光を築いてきた。

自分でコントロールできないことというのは、言いわけとして実に都合がいい。たとえば、「相手が強すぎた」「景気が悪くて」「天候のせいで」といった理由は、自分だけではどうにもならないことである。それだけに、それを負けた理由、あるいはものが売れない理由にすると、自分も傷つかないだけでなく、まわりのみんなも「そうだよね、仕方ないね」とあきらめがつくところがある。

しかしそれでは、「どうすればいいか」は永久に見つからない。「景気さえ回復すれば」では、ただの神頼みだ。仕事で大切なのは神頼みではなく、「自分にできることはなにか」を考え、「できることに全力を尽くす」姿勢だ。そんな姿勢で取り組んでいる人には、ときどき運が味方をすることもある。

逃げてはいけないと思っているんです。

――元スキージャンプ選手　原田雅彦

オリンピックでメダルを取った日本人は多いが、スキージャンプの原田雅彦さんほど、観客の落胆と歓喜を一身に集めた人はいないのではないだろうか。

一九九四年のリレハンメルオリンピック団体では、日本は二回目の最後のジャンパー原田さんがよほどの大失敗をしない限り、金メダル確定という状況にあった。ところが、原田さんのジャンプは伸びず、ほぼ手にしていた金メダルを逃してしまった。

その後のバッシングは強烈なもので、一年以上自宅へのいやがらせを受けたほか、原田さん自身も極度のスランプに陥った。「本番に弱い原田」の評もついて回ることになったが、そうした逆境から逃げることなく、長野オリンピックの前年には世界選手権で優勝するまでに復活した。

迎えた長野オリンピック団体で、原田さんの一本目のジャンプは十分な距離が出なかったが、二本目は「両足を複雑骨折してもいい」というほどの覚悟で百三十七メートルの大ジャンプを決め、金メダルの立役者となった。

オリンピックの雪辱《せつじょく》は、オリンピックでしか果たせないと多くの選手は口にする。オリンピックで味わった悔しさは、四年後にしか晴らせない。四年もバッシングやスランプと戦いながら、栄光を手にした原田さんはみごとというしかないが、それはあのつらさ、屈辱から逃げなかったからこそ、手にできたものである。

「あいつはどんないやなことでも引き受けてくれる。どんなに難しくとも最後まで逃げない」という実績だけが、皆を納得させる唯一の手段であった。

——元キヤノン販売会長　滝川精一

いやなこと、面倒なことは、できれば避けて通りたいものだが、現実はそうもいかない。いやな仕事、大変な仕事を押しつけられることもしばしばだ。そんなとき要領よく逃げる人もいれば、意を決し、正面から問題にぶつかっていく人もいる。

キヤノンはいまでこそ日本を代表する企業の一つで、カメラや複写機、プリンターなど世界的に高いシェアを誇る商品をたくさん持っている。しかし、五十年近く前のアメリカでは、キヤノンは存在しないに等しかった。直販体制が確立されていなかったのだ。

一九七〇年、直販体制の確立に向け、キヤノンUSAの社長に就任したのが滝川精一さんだった。六年間でキヤノン製カメラをトップブランドに押し上げ、キヤノンUSAの売上を千五百万ドルから二億ドルに伸ばすという実績を上げている。

仕事はおもしろくやりがいのあるものではあるが、一方で逃げ出したくなるようなつらいこともしばしばだ。とくに滝川さんは、五〇年代から六〇年代の初め、三十歳前後のころに労働組合の委員長を経験している。先鋭化する組合の「なんでも反対」体質と対峙する中で、いつもこの「逃げるな」を口にしていたという。

「なんでも反対」では、組合員の生活の向上ができない。さらに強硬な労使双方に、正当な権利と義務を説くには相当な勇気がいる。逃げ出したくなる自分を、「逃げるな」と叱《しっ》咤《た》しながら、委員長としての職務を続けた。

その結果、「あいつはどんなに難しくとも、最後まで逃げない」と信頼されるようになり、組合員と経営陣の納得を得られるようになった。

これはキヤノンＵＳＡ時代も同様であった。英語力に自信はなかったが、滝川さんが「逃げない」「言ったことは必ず実行する」「絶対に嘘をつかない」という姿勢を貫いたことで、アメリカ人社員の信頼を得ることができた、という。

世の中は刻々と変化し、個人ではどうすることもできない場合もある。だが、どんなに変化する世の中でも、自分から落伍《らくご》してはだめだ。

——ニチロ創業者　平塚常次郎

世の中には、自分の力ではどうにもできないものがある。たとえば景気の動向などは、いくら気をもんだところでどうこうなるものではない。

ただし、商売がうまくいかない理由をすべて、個人の力が及ばない景気のせいにして、自分にはなんの責任もない顔をするのはいかがなものか。

リコー創業者の市村《いちむら》清さんは、昭和の金融恐慌の直後、職を失い、保険の外交を行なうことになった。当時、保険の外交は、あまり人の好む職業ではなかったが、その分、いつでも募集していた。ただし固定給はゼロ、すべてが出来高払いという厳しさだった。しかも市村さんが任されたのは、最も保険思想が遅れているとされていた熊本だった。

世の中は不景気の嵐。最も嫌われる保険の外交。六十八日かかって、一件も成約に至らなかった。「人間にはできることとできないことがある」と、東京へ夜逃げする覚悟を決めた。しかし、妻にこう諭《さと》された。「一口ぐらいは取ってください。あなたの履歴に一つも成果のなかった仕事があったことになるのが悔しくありませんか」

そこで意を決して、ある家に九度目の訪問をした。それが市村さんの運命を変えた。訪問のたびに丁寧な手紙を届け、紳士的な態度で臨む市村さんの人柄に感心した高等女学校の校長先生が契約してくれ、知人もつぎつぎと紹介してくれた。やがて保険不毛の地にありながら、全国一の賞を受けるまでになった。

市村さん二十七歳のときであり、これがリコー創業へと続くきっかけともなった。

ニチロ（現・マルハニチロ）創業者・平塚常次郎《つねじろう》さんが言うように、世の中には個人の力ではどうすることもできないことがたくさんある。大切なのは、それを言いわけにして、落伍してはならないということだ。自分にできることはなにかを考え、それに全力で取り組む。そこから突破口が開けてくる。

簡単に「財産にしたい」とは言いたくない。

――元プロ野球選手　黒木知宏

二〇〇五年に念願の日本一を達成した千葉ロッテマリーンズは、かつて十七連敗というワースト記録を更新したことがある。当時、「ジョニー」という愛称で知られ、ロッテのエースピッチャーとして活躍した黒木知宏《ともひろ》さんは、マウンドでこの十七連敗を迎えることになった。ロッテの二点リードで迎えた九回裏、二安打に抑えていた相手チームに、満塁ホームランを打たれ、屈辱の記録が更新されたのだ。

このとき黒木さんが口にしたのがつぎの言葉だった。

「簡単に『財産にしたい』とは言いたくない。言うだけならだれにでもできる。財産にするために、それにふさわしい結果を残していくことが大事だ。同じようなミスを何度も繰り返したら、『財産になっていないじゃないか』と思われちゃいますから」

大リーグで投手として活躍した長谷川滋利さんも、年間七十試合近く投げる中で、二回続けて悪い日さえある中で、「でも三回目に踏ん張れるのが、一流の条件だと思うんです」と言っていた。これも、同じ失敗を繰り返すなというプロの言葉であろう。

二〇〇〇年のシドニーオリンピックで負け投手になったとき、二十歳だった松坂大輔選手も同じような言葉を口にしている。

「これがただのいい経験で終わるか、経験を生かして財産になるかは自分次第。四年間の過ごし方で変わってくる」

「四年後」とはアテネオリンピックだ。実際、エースとして臨んだアテネでは銅メダルを取り、二〇〇六年のＷＢＣ（ワールド・ベースボール・クラシック）では世界一とＭＶＰに輝いている。シドニーの屈辱が大いなる財産になったのは間違いのないところだろう。

失敗を財産にするには、「なぜか」をきちんと究明して、同じ失敗をしないためにはどうするかを必死で考える。そして再び勇気を持って挑戦することだ。

熟練工は「できない」ことをあまりに多く知りすぎている。

――アメリカの自動車王　ヘンリー・フォード

豊かな経験や知識は仕事の武器であるとともに、新しいなにかを始めようとするとき、ブレーキをかけるやっかいな存在に変わることもある。

ある自動車メーカーの海外工場では、熟練工が一日二台の車をつくっていた。売れ行きが伸びたため、改善を重ねて一日八台つくる体制をつくったところ、熟練工たちの多くが「二台でも精一杯なのに、八台もつくったら体を壊してしまう」とやる前から及び腰になり、退職者が相次いだ。仕方なく車づくりの未経験者を雇い、標準作業をつくってやってもらったところ、八台つくってもケロリとしていたという話がある。

本来はできるはずのことさえ、過去の経験や先入観が、「できない」と思い込ませた典型的な例だ。

二十世紀初頭、ベルトコンベアによる大量生産方式を導入して自動車産業に革命をもたらしたヘンリー・フォードは、伝統を廃し、新しいことに挑戦し続けた人物だ。

彼は、新しい仕事を始めるとき、その仕事についての先入観がなく、「経験に照らして不可能です」と言わない人に指揮を任せるのがつねだった。

たとえば自動車に使う板ガラスは、長年伝統的な手作業でつくられてきたが、フォードは大きな帯板の中で連続的に板ガラスをつくれると考えた。ガラスの専門家は「過去に試みられたこともあるが、実現は不可能である」と声をそろえて反対した。そこでフォードはガラス工場で働いた経験のない人たちにこの課題を与えたところ、多くの問題や障害はあったものの、みごとに乗り越えて目標を達成した。

フォードは、熟練工の助けが必要なときはもちろん求めるが、決して熟練工に指揮を任せることはなかったという。なぜなら彼らは「できない」ことをあまりに多く知りすぎており、「それはできません」と断定してしまうからである。

わが実力の不十分なるを知ることこそ、わが実力の充実なれ。

——古代キリスト神学者　アウグスチヌス

二〇〇一年、牛丼チェーンの吉野家が、四百円だった並盛を一気に二百八十円に値下げして話題を呼んだ。三百円でお釣りが来る価格設定は、不況の当時、吉野家の来店客数を一気に押し上げた。

百二十円も値引きしたうえ、質を維持し、利益も上げるのだから、準備は相当なものだった。そうした準備の一つとして、事前に吉野家は一週間だけ「二百五十円セール」を実施した。だが、この「準備」は、反響の大きさに各店舗で品切れを起こすという失態を招いてしまう。吉野家の社員の多くは、「俺たちはがんばった。よくやった」と考えて、反省などしなかった。

当時、吉野屋の社長であった安部修二《しゅうじ》さんはこれを「わかるけど、ダメだ」と言った。

「問題は、混乱の中でみんなで汗を流してがんばって、終わってみると、なんとなく充実感もあることですよ。『俺らもあれだけできた。最後まで』なんて」

「『製造・物流さえ混乱してなければ、俺らはちゃんとやった』と、怒りの矛先《ほこさき》を本部に向ける。当事者たちの意識では、店が混乱したことについては『これは不運が重なった』となっている」

安部さんは、混乱は破綻であり、失敗であるとして、原因を徹底的に究明、すべてのシステムを一から見直すことにした。

そうした改善を積み重ねた結果が、「二百八十円」への価格改定だった。全店の全員が「絶対に今回こそは」という思いで臨んだためもあり、客数が一気に二・七倍に増えたものの、混乱なく乗り切ることができた。

壁を越えられない人というのは、あるレベルまでいくと、「がんばったけど惜しかったね」で終わってしまう。それに対して壁を越える人は、「もう一息だった」「運が悪かった」という慰《なぐさ》め、自己満足をしないのである。

勝負は時の運だよ。

――本田技研工業創業者　本田宗一郎

「運不運」は自分で口にすると自己満足になるが、絶妙なタイミングで使うと大きな感動をもたらす。

一九八八年のF1レースで、ホンダは十五戦して全勝という快進撃を続けた。チーム優勝も早々に決め、最終戦である第十六戦で勝てば、全勝優勝に加え、ドライバーズ・トロフィーの獲得も確実だった。ところが、運悪くタイヤ・バーストにより、全勝優勝が消え、ドライバーズ・トロフィーの夢も消えてしまった。

チームを率いていたF1総監督・桜井淑敏《よしとし》さんは愕然《がくぜん》として、一人ピット裏のバスに向かった。バスに乗り込むと、そこに本田宗一郎さんがいた。桜井さんが挨拶も忘れ、黙って座っていると数分後、本田さんがこんな言葉を口にした。

「勝負は時の運だよ」

桜井さんの口から、「すみませんでした」という素直な言葉が出た。

その夜の祝勝会は、最終戦で負けた悔しさが色濃く漂っていた。すると、本田さんが下座に歩いていき、正座して深々と頭を垂れた。

「F1で世界一になるのは私の長年の夢だった。その夢をみんながかなえてくれた。だから私はうれしくてたまらない。心からお礼を言います。本当にありがとう」

この瞬間、桜井さんはそれまでの苦労、悔しさが吹き飛び、「なにもかもいっぺんに報われた思いがした」という。以後、ホンダは常勝チームへと成長することになる。

予測は立ててもいいのですが、そんなものは間違うものだと考えておくべきです。

――信越化学工業会長　金川千尋

たとえば企業が事業計画を立てるとき、「今期はどうなるのか」「市場動向は」といった予測を立て、それをもとにする。

新製品開発、あるいはプロジェクトチームでなにかを始める場合なども同じだ。なんらかの予測を立て、それをベースに計画を立てる。

ところが、予測は往々にして狂うものだ。そのときは、当初の計画に修正を加えなければならない。

予測がはずれたにもかかわらず、当初の計画を推し進めるとどうなるか。ムダやムリが生じ、赤字を垂れ流すことになる。

計画段階から無理があったり、時代の変化で中止、縮小が必要になったにもかかわらず、「いったん決めたことだから」と押し切るとぶざまなことになる。

信越化学工業前社長・金川千尋《かながわちひろ》さんも、計画を立てるにあたって、未来についての予測は一応する。しかし、それに基づいて計画を立てることはしなかった。

「自分の予測より事態は悪くなる」

という前提で、計画を立てるようにしたという。「事態が悪くなったらどうするか」を考えながら立てた計画でさえ、前提条件が少しでも狂ったら、そのつど、修正を加えていく。

だれしも自分の予測は正しいと思いたいものだが、そのようなメンツにこだわることは奈落《ならく》に落ちる道だ。予測に縛られて判断を誤るなど許されない。

予測を前提に計画を立てた場合、絶えず現実を見ながら、「狂いはないか」「ズレはないか」を注視する。そして素早く対応をする。こうした微調整が巧みであればあるほど、計画は達成される確率が高くなる。

計画を実行に移してから、思いもよらないことが出てきたとき、どうしたらいいのか。それはただ一つ、臨機応変の処置をとるほかはないのです。

――第一次南極越冬隊長　西堀栄三郎

東京電気（現東芝）で真空管の研究に従事したのち、第一次南極越冬隊長、チョモランマ登山総隊長など探検家、冒険家としても活躍した西堀さんの信条の一つは、「完全無欠な準備や計画はありえない」だ。

準備が完全だという思いがあると、いざというときの覚悟ができていないため、思いもよらない事態に直面したときに、「あっ、どうしよう」とあわてふためいて、いい処置ができないままに、リスクがどんどん大きくなっていくことになる。

それに対して、準備は不完全なものだと覚悟をしていると、なにか問題が起きても、あわてず沈着でいることができる。あわてるといいアイデアが出ないが、心が冷静だといい処置ができる。

実際、南極越冬の話を読むと、準備自体も大変だったが、いざ現地へ行くと、食料が腐ったり、なくなったり、火事にあったり、車両や機械が故障するなど、トラブルの連続だ。もちろんある程度の準備はしているものの、それ以上のトラブルが日常的に起きてくる。そうしたとき、西堀さんを初めとする隊員は、創意工夫をこらした処置によってみごとに難関をクリアしている。

南極に限らず、予測をもとに計画を立て、準備を行なったとしても、さらなる問題が起きてくるのが現実であり現場というところだ。「問題は起きて当たり前」「計画は狂って当たり前」くらいの覚悟があって初めて、迅速な対応、迅速な軌道修正が可能になる。「計画は狂うもの」「準備は完全にはできないもの」と覚悟を決めて迅速な対処を怠らない。目的を完遂するうえではこうした覚悟、こうした対処が不可欠であり、それができる人だけが目標を達成することができる。

誤解されがちなのは体格のことだ。どんなサイズだろうと、それによって成功、失敗が決まってしまうことはない。

――元大リーグ投手　グレッグ・マダックス

ビジネスにおいて資金や土地、ノウハウの有無が大きな意味を持つのと同様に、スポーツの世界においては、「恵まれた体格」がものを言う。

たとえば大リーグで活躍する選手の多くは恵まれた体格を持ち、「あれだけの体があるからこそ人並はずれたパワーが出るんだ」とつい考えてしまう。

では、体格に恵まれない選手は活躍できないのかというと、もちろんそんなことはない。マイアミ・マーリンズのイチロー選手は、ほかの大リーグ選手と比べて決して大柄ではないが、並はずれたスピードやバットコントロール、守備力でファンを魅了した。大リーグ史上最高の投手の一人と称されたグレッグ・マダックスも、身長百八十三センチ、体重八十キロ程度という平均的なアメリカ人の体格ながら、「精密機械」と称されるコントロールを武器に、通算三百五十五勝という勝ち星をあげた。

もし野球が体格とパワーだけで決まるとすれば、イチロー選手やマダックスが活躍する余地はない。

けれど野球にはもっとたくさんの要素がある。頭を使い、工夫をこらし、自分の持てる武器を最高に磨き抜くことでいくらでも活躍できる。

反対に、恵まれた体格を持ちながら努力を怠ったがために、せっかくの素質を開花させないままに球界を去っていく選手はいくらでもいる。

ビジネスにおける資金や土地、ノウハウが必ずしも成功を保証しないのと同様に、野球においても恵まれた体格は有利な条件ではあるかもしれないが、それによって成功、失敗が決まってしまうことはないのだ。

人はうまくいかない理由として資金や土地、ノウハウの不足を言いつのる。だが、もしかしたら足りないのは考える力、努力、やる気のほうかもしれない。

人の苦労なんて、いくら聞かされたって成長しない。自分で苦労しろ。

――アサヒビール元会長　瀬戸雄三

成功によって得るものは多いが、失敗や苦労から得るものはまた格段に貴重である。

トヨタ自動車に語り継がれるこんな話がある。

トヨタは、もともと豊田自動織機の自動車部から誕生しているが、かつて自動織機から図面が盗まれ、その図面の自動織機を別の会社がつくって売り出したことがあった。特許は切れており、特許上は文句のつけようがないが、あまりに卑劣だ。

そのとき、トヨタグループ創業者の豊田佐吉《とよださきち》さんはこう言ったという。

「まねをした人は、その図面のままの自動織機しかできない。どのように改善し、改良するかは、まねをした人にはわからないだろう。なぜなら、われわれは非常に多くの失敗をしてきた。どういう部分をどうすれば、どういう失敗があるかということがわかっている。この機械を改良するには、この方法へ進めばよいということをわれわれは知っている。だから、まねをしたい人はまねをしてもよい」

トヨタの技術者の間に、いまも、すぐれた開発をするためには「どれだけ失敗をしたかが大切だ」という言葉が受け継がれているのには、こうした背景がある。

アサヒビールは、いまでこそキリンビールとシェアを二分する存在だが、かつてはキリンビールの一人勝ち状態であり、吹けば飛ぶような存在でしかなかった。その巨人キリンに「スーパードライ」で挑戦、凋落《ちょうらく》一途だったアサヒビールを、キリンビールを脅《おびや》かす存在にまで押し上げたのが、一九九二年に社長に就任した瀬戸《せと》雄三《ゆうぞう》さんである。

苦しかった時代、全力でシェアを伸ばし続けた時代のエピソードはたくさんあり、若い世代に対して語り継ぐ努力もしているのだろうが、苦労や失敗はしょせん他人事であり、いくら聞かされても自分の身につかない面がある。

人の苦労を聞くだけでは成長しない。自分で考え、自分で行動し、失敗し、苦労をして初めて、根のある成長ができる。

なに甘えてるんや。自分で考えなはれ！

――宮大工棟梁　西岡常一

最後の宮大工と呼ばれた西岡常一さんの教え方は、「体で覚える。見て盗む」そのままだった。クギがうまく打てないとか、ヤリガンナがうまくかけられないからといって、手取り足取り教えるようなことはしない。自分でクギを一本トントンと打つ。ヤリガンナをさっとかける。「あとは自分で体得しろ」と言う。仕事の進め方についてわからないことを聞きに行くと、

「なに甘えてるんや。自分で考えなはれ！」

の一言だ。

なぜなのか。

人に聞いたらたしかにその場はできるのだが、教えてもらっただけのことはすぐに忘れる。だが、自分で考えたこと、自分の体で覚えたことというのは、そうそう忘れるもので

はない。だから「自分で考えろ」であり、「自分で体得しろ」と突き放す。

ただし、西岡さんは厳しいだけではない。いくら考えてもアイデアが出てこず、本当に困っているときには、ヒントを与えたり、夜中にこっそり朱で墨を入れたりといったやさしさもあったという。

基本は、「自分で考え、自分で体得」なのだが、ただ突き放すだけではなく、「わしが責任持つんやから、やりなはれ」とあと押しをする人でもあった。

「若いときの苦労は買ってでもしろ」は、昔から語り継がれる言葉ではあるが、最近の若いビジネスパーソンが、わざわざ「苦労を買う」とはとても思えない。懇切丁寧な指導、しっかりとしたマニュアルで育っているだけに、「失敗する」「苦労する」を嫌うところがある。

わざわざ「失敗しろ」「苦労しろ」とは言わないが、試行錯誤を経て初めて身につくものはたくさんある。まずは教えてもらうのではなく、自分で考え、自分で行動する習慣を身につけることだ。

ビジネス社会で評価の軸となるものはなにか。それは、まわりから必要とされるかどうかだ。

――伊藤忠商事元会長　丹羽宇一郎

伊藤忠商事元会長の丹羽《にわ》宇一郎さんは、こんなことを言っている。

「サラリーマンは、つねにだれかが見ていると意識して仕事をすれば、いい結果が出せるように思います」

大学を卒業し、伊藤忠商事に入社したころの丹羽さんは、「がんばっているのに会社が正当に評価してくれない」という不満を抱いていた。「なぜ上司も会社も自分を認めてくれないのか」と思い、「もっと自分を高く評価してくれるところがあるはずだ。こんな会社はやめてやる」と考えるようになる。

伝票の整理やそろばん、テレックス打ちといったことばかりで、会社をやめて、「大学に戻りたい」という手紙を恩師に書いたことさえある。

そんな丹羽さんに、あるとき課長がこう言った。

「能力というものは、自分で評価するものではない。他人が評価するものだ」

納得はいかなかったが、「いまに見ておれ」という気持ちから、猛烈に仕事をするようになった。しばらくして上司の言った言葉の意味がわかるようになった。

ビジネスの世界では、自己評価などなんの足しにもならない。百点満点の仕事をしたとき、自分では百五十点の評価をしがちだが、他人の評価はせいぜい七十、八十点くらいだ。

それを不満に思い、「会社が悪い」「上司が悪い」となる。だが、ビジネス社会で評価の軸となるものは、まわりから必要とされるかどうかであり、それは他人の評価で決まる。

たとえば、「この案件はあの人に任せよう」「この人なら適切なアドバイスをしてくれる」という他人からの評価、「あなたがいないと困る」と組織から言われる存在であるかどうかが、その人の評価を決めることになる。

企業の再生に必要なのは社員の心の再生であり、社員の心をつかんで変えるのがトップの役割だ。

――日本電産会長兼社長ＣＥＯ　永守重信

「企業がおかしくなるのは、社員の心や経営者の心情からだ」

と語るのは、たくさんの企業を再生させてきた日本電産会長兼社長ＣＥＯの永守《ながもり》重信さんだ。

永守さんは二十を超える企業の再生にあたって、いかに従業員を削減しないで、売上を伸ばし、再生するかに重点を置いてきた。

はたしてそんなことが可能なのだろうか。

業績が悪化した企業の社員は心が病んでいる。経営者の人心掌握力《じんしんしょうあくりょく》と実行力が欠如していたために、社員の士気が落ちて品質やサービスが低下する。経営者への不満と不安で業績はさらに落ちていくという悪循環となる。

社員がやる気をなくすと、遅刻や欠勤が増え、整理や整頓が行き届かず、職場も汚れていくことになる。

永守さんが買収した企業の多くは、社員の心が病んでいる。永守さんは再建にあたって従業員を減らしたり、事業をやめる方法はとらない。さらに社員の士気が低下するからだ。まず社員の心を治すように心がける。するとどんな変化が起きるか。

ある会社の場合、九〇パーセントを切っていた出勤率が、わずか二ヵ月で九八パーセントまで上がり、整理や整頓なども行き届くようになった。前年まで毎年百億円の赤字を出していたのに、四半期だけで十億円以上の営業黒字を計上した。

わずか一年で新製品が出るわけではない。同じ場所で同じものをつくっている。変わったのは社員の心であり、心が再生したことで、企業自体も再生への第一歩を踏み出すことができた。

「企業の再生に必要なのは社員の心の再生であり、社員の心をつかんで変えるのがトップの役割だ」というのが、永守さんの経験に裏打ちされた信念である。

部下は上司を三日で見抜く。

――リコー元社長　舘林三喜男

「部下は上司を三日で見抜く」という言葉はあまり知られていないが、名言だと感心したものの一つだ。

リコー元社長の舘林三喜男《たてばやしみきお》さんは、内務省の官僚、佐賀県副知事、衆議院議員などを経て、リコー創業者の市村清さんに請われリコーに入社した。二代目社長として、デミング賞への挑戦によって会社の体質を強化するなど、リコー発展に大いに力を発揮した。

四代目社長だった浜田広さんが、「リコーが今日あるのは、市村清の最後の仕事、二代目の人選がすばらしかったからだ」と言っていることからも、舘林さんのすばらしさがうかがえる。

舘林さんが管理職にいつも言っていたのは、

「自分はなにもしないで、人にああしろ、こうしろと、口先だけで人を動かそうとしても、人は動くものではない。管理職たる者は、自分自身から真剣に実行していく実行力が大切であり、部下に喜んで働いてもらうためには、寝ていて人を起こすような『なさざるの弁』は言ってはならない」

ということだった。そして部下というのは、「管理職が本物かどうかを三日で見抜く」という。

「あいつは威張《いば》っている」「かなり汚い」「相当嘘を言う」「手柄を独り占めする」「責任逃れする」といったことを本能的に察知し、そんな管理職と本気でがんばろうとは考えないものだ。

単なる手腕家、やり手だけでも人はついてこない。「人間的にこの人は信頼できる」という信頼や納得があって初めて、「一緒に会社を発展させていこう」という気持ちになるものであり、管理職はつねにこうした気持ちを持って仕事に臨み、部下に接することが大切である、というのが舘林さんが管理職に話していたことだった。

人とのつながり、技術者の集団をうまく形成していくことが技術者の要件である。

――ＪＲ東日本元会長　山下勇

大勢の人間の力がギュッと一つにまとまらないと、いいものはできない。まして新しいものを生み出すには、技術者の集団の力を極限まで引き出すことが必要になる。

その点で天才的なのが、アップルの創業者・スティーブ・ジョブズだった。

「独裁者」「栄光を独り占めにした」といった評もあった。だが、人類を月に送り込むような難事を現実のものにするのは、ジョブズと彼の下で働いたメンバーのようなチームでないとできないという。

ジョブズ自身は、コンピュータが好きな学生ではあったが、別に天才的な技術を持っていたわけではない。アップルが最初に発売したパーソナル・コンピュータを開発したのは、天才技術者のスティーブ・ウォズニアックだ。

ジョブズが関わって大成功をおさめたマッキントッシュも、ｉＭａｃも、ｉＰｏｄも、彼の技術によって生み出されたわけではない。では、ジョブズ以外のだれかが生み出せたかというと、それも違う。ビル・ゲイツには巨額の資金はあったが、ｉＭａｃやｉＰｏｄを生み出すことはできなかった。

ジョブズの得意技は、有能な人を集めた小チームに限界を超える努力をさせることだ。直感が信じるままに革命的スタイルを持った商品をつくるのだ。

要求は猛烈だ。メンバーを「週九十時間、喜んで働こう」「海賊になろう」と追いたて、やる気を引き出し、不可能を可能にしていく。メンバーがジョブズをすぐれたリーダーと信頼していたかどうかは別にして、「ジョブズとならすごいものができる」と信じていたのはたしかだ。

銀や金だけが通貨なのではない。徳もまた通貨なのだ。それを用いるべきである。

——古代ギリシアの悲劇詩人　エウリピデス

トヨタ自動車創業者の豊田喜一郎さんが、若い技術者を採用する際に必ず聞いたのは、「徹夜の二日や三日できるか」「それだけの意欲と体力があるか」であった。

また、本田技研工業創業者の本田宗一郎さんも、自分のアイデアを伝える際、「いつまでにやれ」と言うことはなかった。本田さんにとって一日は「二十四時間」であり、勤務時間の「八時間」ではなかった。

こうしたやり方がすべていいとは言わないが、人が人を束ね、なにかを生み出そうとするときには、無茶とも思える要求があっていい。

人が一人でできることには限界がある。人がなにかを成し遂げようとするなら、JR東日本元会長の山下勇さんが言うように、「人とのつながり、人の集団をうまく形成していく」努力が欠かせない。

その際に必要なのは、リーダーの「これをやり遂げよう」という強い信念に裏打ちされた共同の目的や目標と、そこに向かって、個人個人が集中することだ。

本書はつぎの書籍を参考にさせていただきました。厚くお礼申しあげます。

『道をひらく』松下幸之助　ＰＨＰ研究所／『素直な心になるために』松下幸之助　ＰＨＰ文庫／『あなたに贈る希望の言葉』バーバラ・Ｍ・オーバック　ＰＨＰ文庫／『スピーチ引用名言辞典』モーリス・マルー編　ＰＨＰ文庫／『リコー流「売れる社員」の現場力』神戸健二　ＰＨＰ文庫／『ギリシア悲劇名言集』ギリシア悲劇全集編集部編　岩波書店／『ギリシア・ローマ名言集』柳沼重剛編　岩波文庫／『ことばの饗宴』岩波文庫編集部編　岩波文庫／『ことばの贈物』岩波文庫編集部編　岩波文庫／『地球は青かった　科学の名言集』平田寛編　岩波ジュニア新書／『お楽しみはこれからだ』（1、2、4、5）和田誠　文藝春秋／『人は仕事で磨かれる』丹羽宇一郎　文藝春秋／『創業者百人百語』谷沢永一　海竜社／『努力は裏切らない』宇津木妙子　幻冬舎文庫／『適者生存』長谷川滋利　幻冬舎文庫／『20世紀名言集　大経営者篇』Ａ級大企業研究所編　情報センター出版局／『20世紀名言集　スポーツマン篇』ビジネス心理研究所編　情報センター出版局／『石橋を叩けば渡れない』西堀栄三郎　生産性出版／『舘林語録に学ぶ』リコー編　リコー／『自分を奮い立たせるこの名文句』大島正裕　三笠書房／『稲盛和夫の「仕事学」』ソニーマガジンズビジネスブック編集部編　三笠書房／『考える力、やり抜く力　私の方法』中村修二　三笠書房／『得手に帆あげて』本田宗一郎　三笠書房／『藁のハンドル』ヘンリー・フォード　中公文庫／『ホンダ流人づくりの真髄』大河滋　評言社／『闘魂ひとすじに』市村清　三愛新書／『決断力』羽生善治　角川書店／『平凡は妙手にまさる　大山康晴名言集』永井英明　佼成出版社／『不動心』松井秀喜　新潮社／『社長が戦わなければ、会社は変わらない』金川千尋　東洋経済新報社／『イヤならやめろ！』堀場雅夫　新潮ＯＨ！文庫／『すぐやる課をつくった男マツモトキヨシ伝』樹林ゆう子　小学館／『経営の実際』飯田亮　中経出版／『商売の原点』鈴木敏文　講談社／『セブン-イレブン創業の奇蹟』緒方知行　講談社／『経済学の名言１００』佐和隆光　ダイヤモンド社／『プロフェッショナルの条件』ピーター・Ｆ・ドラッカー　ダイヤモンド社／『トヨタ経営システムの研究』日野三十四　ダイヤモンド社／『小倉昌男　経営学』小倉昌男　日経ＢＰ社／『日本の異端経営者　キヤノンを世界に売った男・滝川精一』ルイス・クラー　日経ＢＰ社／『宮大工棟梁・西岡常一「口伝」の重み』西岡常一ほか　日本経済新聞社／『経済人の名言　上』堺屋太一監修　日経ビジネス人文庫／『中村邦夫「幸之助神話」を壊した男』森一夫　日経ビジネス人文庫／『人間発見　私の経営哲学』日本経済新聞社編　日経ビジネス人文庫／『帝国ホテル厨房物語』村上信夫　日経ビジネス人文庫／『吉野家の経済学』安部修仁、伊藤元重　日経ビジネス人文庫

〈著者略歴〉
岬　龍一郎（みさき　りゅういちろう）
1946年生まれ。作家・評論家。早稲田大学を経て、情報会社・出版社の役員を歴任。退職後、著述業のかたわら、人材育成のために「人間経営塾」を主宰。国家公務員・地方公務員幹部研修、大手企業研修などの講師を務め、「人の上に立つ者の人間学」を説いている。
著書に、『「日本人の名著」を読む』（致知出版社）、『新・武士道』（講談社＋α新書）、『新渡戸稲造 美しき日本人』（ＫＫベストセラーズ）、『日本人のDNAを創った20人』（扶桑社）、『中村天風 心を鍛える言葉』『日本人の品格』（以上、ＰＨＰ研究所）、訳書に、『武士道』『学問のすすめ』『［現代語抄訳］言志四録』『［新訳］荘子』『［新訳］老子』（以上、ＰＨＰ研究所）など多数ある。

装　　丁——根本佐知子（Art of NOISE）
カバーイラスト——宮野耕治
編集協力——桑原晃弥、アールズ 吉田宏

一流の仕事をする人の、人生を変える100の言葉

2016年８月17日　第１版第１刷発行

著　者　岬　龍　一　郎
発行者　小　林　成　彦
発行所　株式会社ＰＨＰ研究所
東京本部　〒135-8137　江東区豊洲5-6-52
エンターテインメント出版部　☎03-3520-9616（編集）
普及一部　☎03-3520-9630（販売）
京都本部　〒601-8411　京都市南区西九条北ノ内町11
PHP INTERFACE　http://www.php.co.jp/

組　版　朝日メディアインターナショナル株式会社
印刷所　大日本印刷株式会社
製本所　東京美術紙工協業組合

ISBN978-4-569-83127-5